I0372121

www.ingramcontent.com/pod-product-compliance
Lightning Source LLC
Chambersburg PA
CBHW071448070526
44578CB00001B/256
9781989880326

درباره‌ی کتاب هدف گذاری ممنوع!

محمدعلی حاجی زاده هم همین مشکلات را داشت و برای حل آن کتاب‌های زیادی را در این حوزه مطالعه نمود و در بسیاری از دوره‌های ایرانی و خارجی شرکت کرد. پس از چند سال پیاده‌سازی آن‌ها باز هم آنطور که باید از خــود راضی نبود! شاید شما هم مانند نویسـنده در حال آزمودن روش‌های مختلف برای تغییر شـرایط زندگی‌تان هستید اما اوضاع خیلی خوب پیش نمی‌رود.

خطـر اصلی اینجاسـت که اگر مدتی بگذرد و از تلاش‌هـای خود نتیجه لازم را نگیرید، با رؤیاهایتان خداحافظی خواهید کرد و شـما نیز به صف طولانی انسـان‌های عادی می‌پیوندید. در این شـرایط هیچ‌چیز بدتر از این نیسـت که فکر کنید به آرزوهایتان نخواهید رسید.

محمدعلـی حاجـی زاده هم به همین نقطه رسـیده بود اما تمام تلاشـش را کرد و فرمول موفقیت خود را کشـف نمود. شـما هم اگر از روش‌های غیرکاربردی و بعضاً اشـتباه برای هدف‌گذاری استفاده می‌نمایید، بهتر است هدف‌گذاری را فراموش کنید؛ چون نهایتاً تأثیر منفی آن بیشتر از فوایدش خواهد بود. پس از همین حالا تا زمانی که به روش جادویی که در این کتاب به شما آموزش داده خواهد شد، مسلط نشده‌اید؛ **هدف‌گذاری ممنوع!**

البته حتما شـما رؤیایی در سـر دارید که در حال مطالعه این کتاب هسـتید. شـما نمی‌خواهید مثل تماشاچیان فوتبال باشید که تا آخر عـمر، در حال مشاهده قهرمانی و درخشش هر کسی باشید جز خودتان! انتخاب شما این است که خودتان بالای سکوی قهرمانی باشـید و دوسـتان و اطرافیان شما را تشـویق کنند و از این همه دستاورد حیرت کنند. بدون شک شما نمی‌خواهید یک زندگی عادی داشته باشید.

چه حسرتی بیشتر از اینکه به پایان عمر خود نزدیک شوید و با افسـوس به گذشته نگاه کنید. پس با خواندن و عمل کردن به آموزه‌هـای این کتاب، جایی برای حسرت وجود نخواهد داشت.

وجه تمایز اصلی این کتاب با سایر کتاب‌ها و دوره‌های مشابه این است که بر اساس آخرین دستاوردهای علمی و با تکیه بر روش کارکرد مغز، تکنیک‌هایی به شما آموزش می‌دهد که به کمک آن‌ها می‌توانید به همه اهدافتان دست یابید.

درباره نـــــویسنده:

- دارای مدرک TRAINING MASTERY از اتریش
- بنیانگذار باشگاه رشد
- مدیر وبسایت www.bashgaheroshd.com
- نویسنده، مدرس، و مربی در حوزه موفقیت و مهارت‌های ارتباطی
- رتبه ٤٦ کنکور کارشناسی
- فارغ التحصیل مکانیک از دانشگاه شریف
- رتبه ٢٧ کنکور ارشد
- فارغ التحصیل MBA از دانشگاه شریف
- کارشناس بانک خاورمیانه
- مشاور ارشد بانک ملت
- مدیر عامل سابق شرکت توسن افق هزاره
- رئیس هیات مدیره شرکت آریا تجارت
- قائم مقام مدیر عامل شرکت سیوان تدبیر تجارت
- مدیر عامل شرکت AVA FINANCIAL GROUP

به نام عشق

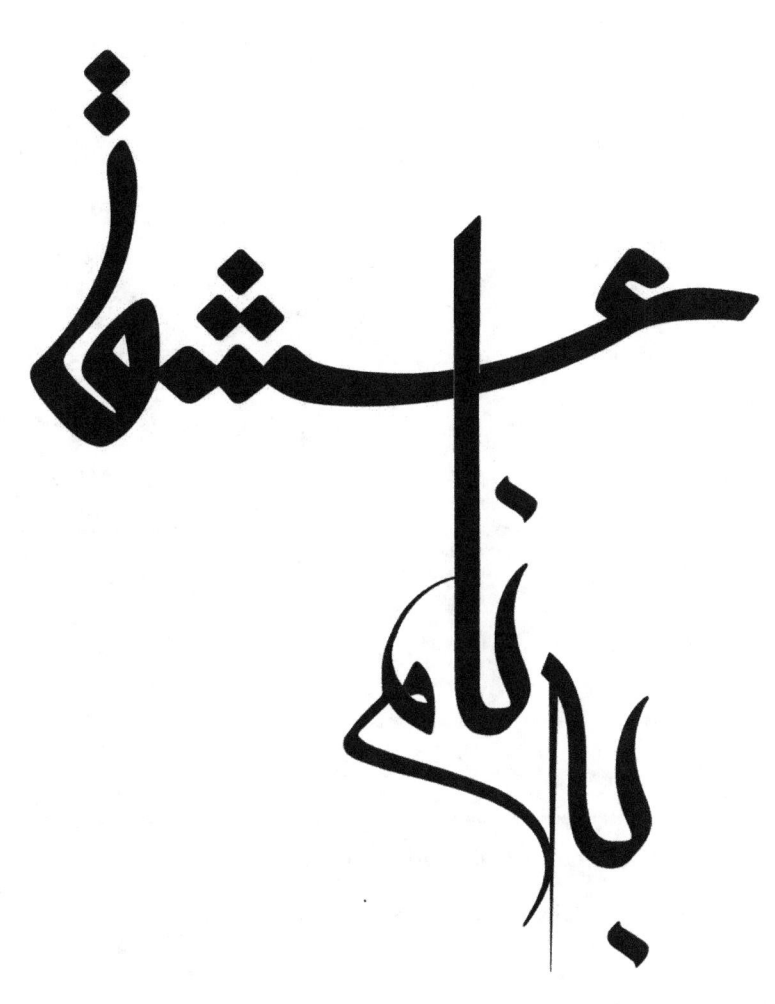

سریال کتاب: P 21 45110024

سرشناسه: حز ۲۰۲۱

عنوان: هدف گذاری ممنوع

زیر نویس عنوان: -------

نویسنده: محمد علی حاجی زاده

مشخصات نشریه در ایران: پارسیان البرز، کرج

شابک کانادا: ISBN:(978-1-989880-32-6)

موضوع: موفقیت، روانشناسی

متا دیتا: Success, Self Help, Psychology

مشخصات کتاب: رقعی، A5، صحافی مقوایی

تعداد صفحات: 143

تاریخ نشر در کانادا: جون ۲۰۲۱

تاریخ نشر اولیه: ۱۳۹۹

Kidsocado Publishing House

خانه انتشارات کیدزوکادو

ونکوور، کانادا

تلفن: +۱ (۸۳۳) ۶۳۳ ۸۶۵۴

واتس آپ: +۱ (۲۳۶) ۳۳۳ ۷۲۴۸

ایمیل info@kidsocadopublishinghouse.com

وبسایت https://kidsocadopublishinghouse.com

سلام هم زبان

دستیابی ایرانیان مقیم خارج از کشور به کتاب های بسیار متنوع و جدیدی که به تازگی در ایران نگاشته و چاپ می شود، محدود است. ما قصد داریم این خدمت را به فارسی زبانان دنیا هدیه دهیم تا آنها بتوانند مانند شما با یک کلیک در آمازون یا دیگر انتشارات آنلاین کتاب هایی در زمینه های مختلف را خریداری کنند و درب منزل تحویل بگیرند.

خانه انتشارات کیدزوکادو تحت حمایت مجموعه آموزشی کیدزوکادو این افتخار را دارد تا برای اولین بار کتاب های با ارزش فارسی را که با زبان فارسی نگارش شده است از شرکت های انتشاراتی بزرگ آن لاین مانند آمازون و ایی بی بارنز اند نابل و هم چنین وبسایت خود انتشارات در اختیار ایرانیان مقیم خارج از ایران قرار دهد.

از اینکه توانستیم کتابهای جدید و با ارزشی که به قلم عالی نویسنده گان و نخبگان خوب ایرانی نگاشته شده است را در اختیار شما قرار دهیم بسیار احساس رضایتمندی داریم

این کتاب ها تحت اجازه مستقیم نویسنده و یا انتشارات کتاب صورت گرفته و درآمد حاصله بعد از کسر هزینه ها، به نویسنده پرداخته می شود.

خانه انتشارات کیدزوکادو در قبال مطالب داخل کتاب هیچگونه مسئولیتی ندارد و صرفاً به عنوان یک پخش کننده است.

و شما خواننده عزیز ما را با گذاشتن نظرات در وب سایتی که کتاب را تهیه کرده اید به این کار فرهنگی دلگرمتر کنید.

هدف‌گذاری ممنوع!

هدف‌گذاری براساس جدیدترین روش‌های علمی

نویسنده: محمدعلی حاجی‌زاده

موسسه انتشارات پارسیان البرز

۱۳۹۹

تقدیر و تشکر

دیباچه این کتاب، محل مناسبی برای قدردانی از فرشتگانی است که از کودکی تاکنون، مرحله به مرحله ریشه‌های نهال افکار و باورهای من را مستحکم کرده‌اند و هر آنچه در مسیر موفقیت نیاز داشته‌ام با مناعت طبع در اختیارم نهاده‌اند.

مادر نازنینم سرکار علّیه فاطمه موسوی و پدر عزیزم پروفسور سهراب حاجی‌زاده

اگر خداوند نام شما عزیزان را کنار نام خود قرار نداده بود چنین جسارتی نمی‌کردم که این شعر را در مدح الطاف شما به کار برم:

از دست و زبان که برآید کز عهده شکرش به درآید

از شما سروران عزیزم سپاسگزارم که همواره بهترین شرایط را برایم فراهم کردید تا بتوانم بدون دغدغه به بهترین‌ها دست یابم.

همسر مهربانم، ندای عزیز

هیچ رویدادی، حتی اشتباهات فاحشم هرگز نتوانست ذره‌ای از حمایت و محبت بی‌چشمداشت تو نسبت به من بکاهد. در طی ۱۰ سال گذشته، وقتی آینده مبهم و گاهی تیره‌وتار بود، فقط تو بودی که دلگرمی می‌دادی و من را به رفتن، بودن و شدن تشویق می‌کردی. همیشه مدیون حمایت‌های بی‌دریغت هستم.

استاد همیشگی من، دکتر پرویز عقیلی کرمانی

خدا را شاکرم که افتخار شاگردی جنابعالی نصیبم شد. از شما ممنونم که پدرانه من را که جوانی بی‌تجربه بودم در حلقه تیم اولیه بانک خاورمیانه پذیرفتید و بزرگ‌ترین درس‌های کار و زندگی را به من تعلیم دادید.

شریکم، رفیقم، برادرم و رئیسم؛ امیرحسین گودرزی عزیز

امیر جان، تو الگوی صداقت و یکرنگی هستی. در مسیر ناهموار کارهای مختلفی که با هم به سرانجام رسانده‌ایم، هر روز زاویه جدیدی از سرشت زیبایت برایم آشکار شده و سفر من در شناخت عمق نامتناهی وجودت ادامه دارد.

معلم بزرگوارم، استاد حسین علیزاده

اگر بخواهم در تمام زندگی، یک نفر را معلم خود بدانم بی‌شک استاد علیزاده را نام می‌برم. وسواس مثال‌زدنی شما در ترسیم آینده روشن برای من، همواره چراغ راهم بوده و بخش زیادی از آنچه هستم و دارم را مدیون شما هستم.

دخترم آوا

شاید وقتی بزرگ‌تر شد خودش هم تعجب کند که من چرا از او سپاسگزاری کردم. اول به خاطر بودنش که بزرگ‌ترین نعمت است و دوم به خاطر اینکه بزرگ‌ترین معلم من است، وقتی محدودیت‌ها و نقاط ضعفم را بی‌پرده برایم عیان می‌کند و من را به تفکر و اصلاح وامی‌دارد.

(فهرست مطالب)

مقدمه ۱۱

فصل اول: بایدونبایدهای راه ۱۵

هدف‌گذاری یا انتظار؟ ۱۷

منتظر سرندی‌پیتی‌ها باش! ۱۷

چرا هدف‌گذاری؟ ۱۹

شما بیشتر اوقات کجا هستید؟ ۲۱

زمستان فصل من است! ۲۳

جهان الان در ...ترین وضعیت خود قرار دارد. شما بگویید؟ ۲۳

محدودیت، فرصت است نه مانع! ۲۵

آیا ادعای این کتاب این است که اتفاقات و حوادث خارج از کنترل، اثری بر ما ندارد؟ ۲۶

فصل دوم: ارزش ۲۷

کدام ارزش؟ ۲۹

اثر انگشت ۲۹

قطب‌نما ۳۱

روش‌های تعیین ارزش‌ها ۳۴

تفاوت ارزش و هدف ۴۲

فصل سوم: توفان فکری ۴۵

روش اول: غول چراغ جادو ۴۸

روش دوم: جشن تولد ۸۰ سالگی ۴۹

روش سوم: الان حاضر هستید چه کاری انجام دهید تا ۱۲ ماه بعد بگویید آفرین به خودم!......۵۱

روش چهارم: ترس‌ها، راهنمای موفقیت ۵۱

روش پنجم: ارزیابی سال گذشته ۵۳

روش ششم: پرونده‌های باز ۵۵

روش هفتم: اگر پنج سال به عقب برمی‌گشتم... ......۵۶

روش هشتم: خودآگاهی با رسم چرخ زندگی ۵۸

روش نهم: پنج ارزش برتر ۶۱

روش دهم: ۱۰ سال گذشت... ......۶۱

فصل چهارم: الک‌کردن ۶۳

فیلتر اول: منافع ذی‌نفعان ۶۵

فیلتر دوم: اشتیاق سوزان ۶۸

فیلتر سوم: جزیره ۶۹

فیلتر چهارم: چالش ۷۱

فیلتر پنجم: بزرگی ۷۲

فیلتر ششم: رؤیای بیدارکننده ۷۳

فصل پنجم: مکتوب‌کردن ۷۹

ویژگی اول: زمان حال ۸۱

ویژگی دوم: بار مثبت ۸۱

ویژگی سوم: شفافیت ۸۱

ویژگی چهارم: تعداد کلمات ۸۲

ویژگی پنجم: هیجان ۸۳

مقدمه

ویژگی ششم: شکرگزاری ۸۳
ویژگی هفتم: موعد زمانی ۸۴
ویژگی هشتم: نوشتن با دست ۸۴

فصل ششم: پایش اهداف ۸۷

گام اول: انتخاب اهداف این فصل ۸۹
گام دوم: فهرست اقدامات ۸۹
گام سوم: ارزیابی ۹۴
گام چهارم: همراه موفقیت ۹۵
گام پنجم: تصویرسازی ذهنی ۹۷
توصیه‌های ایمنی ۹۸

فصل هفتم: دلایل شکست ۱۰۳

دلیل اول: تعریف قدم‌های بزرگ ۱۰۵
دلیل دوم: تکیه بر انگیزه ۱۰۵
دلیل سوم: تکیه بر استعداد ۱۰۶
دلیل چهارم: انتظار موفقیت یک‌شبه ۱۱۰
دلیل پنجم: ترس از شکست ۱۱۲
دلیل ششم: جذب بدون اقدام ۱۱۳
دلیل هفتم: نداشتن حس شکرگزاری ۱۱۴

فصل هشتم: آشنایی با مغز ۱۱۷

منشأ رفتار ۱۱۹
پند سقراط ۱۲۱

آیا انگیزه لازم است؟...۱۲۱

فصل نهم: فرمول جادویی موفقیت **۱۲۷**

مدل فاگ..۱۲۹

اقدامک..۱۳۰

اقدامک و انگیزه..۱۳۱

مزایای اقدامک...۱۳۳

اقدامک و عادات بد..۱۳۵

قانون ۲۰ ثانیه...۱۳۶

رویکرد چابک...۱۳۷

فصل دهم: اقدامک یا رؤیای بیدارکننده **۱۴۱**

رؤیای بیدارکننده..۱۴۳

من و سحرخیزی..۱۴۴

جرقه‌هایی با پتانسیل بی‌نهایت................................۱۴۶

گام‌های اجرای اقدامک..۱۴۷

سخن آخر **۱۵۸**

منابع پیشنهادی برای مطالعه بیشتر **۱۶۰**

● مقدمه

در ۱۰ سال گذشته، هر سال با فرا رسیدن اسفندماه و حس‌کردن بوی سال نو، به یاد همه آرزوهای خود می‌افتادم. هیچ ایده‌ای درباره تصمیمی که تقدیر در سال جدید برای من گرفته نداشتم، ولی از یک چیز مطمئن بودم: می‌خواهم در سال جدید تغییر کنم، اما دریغ از اندکی تغییر.

مصمم شدم تا به فرمول جادویی موفقیت و هدف‌گذاری مسلح شوم. به همین دلیل تقریبا تمام کتاب‌های این حوزه را مطالعه کردم و در بسیاری از دوره‌های ایرانی و خارجی شرکت کردم. بعد از چند سال پیاده‌سازی آنها، هرچند اوضاع بهتر بود، باز هم از خودم راضی نبودم.

شاید شما هم مثل کاری که من طی چند سال قبل انجام می‌دادم، در حال آزمودن روش‌های مختلفی برای تغییر شرایط زندگی‌تان هستید، اما اوضاع آن‌طور که می‌خواهید پیش نمی‌رود. خطر اصلی اینجا است که اگر مدتی بگذرد و از تلاش‌های خود نتیجه لازم را نگیرید، با رؤیاهایتان خداحافظی خواهید کرد و شما نیز به صف طولانی انسان‌های عادی می‌پیوندید و هیچ چیز بدتر از این نیست که فکر کنید به آرزوهایتان نخواهید رسید.

من هم به مرز همین نقطه رسیده بودم تا اینکه سعی کردم فرمول خودم را کشف کنم. فرمولی که با آن تقریبا به هر آنچه می‌خواهم می‌رسم و البته همچنان راه درازی تا رسیدن به دروازه شهر موفقیت باقی است. اگر از روش‌های غیرکاربردی و بعضا اشتباه برای هدف‌گذاری استفاده می‌کنید، بهتر است هدف‌گذاری را فراموش کنید؛ چون نهایتا تأثیر منفی آن بیش از فوایدش خواهد بود. پس از همین حالا تا زمانی که به روش جادویی که در این کتاب به شما آموزش خواهم داد، مسلط نشده‌اید؛ هدف‌گذاری ممنوع!

البته حتما شما رؤیایی در سر دارید که در حال مطالعه این کتاب هستید. شما نمی‌خواهید مثل تماشاچیان فوتبال باشید که تا آخر عمر، در حال مشاهده قهرمانی و درخشش هر کسی باشید به‌جز خودتان. انتخاب شما این است که خودتان بالای سکوی قهرمانی باشید و دوستان و اطرافیان شما را تشویق کنند و از این همه دستاورد حیرت کنند. من مطمئن هستم شما نمی‌خواهید یک زندگی عادی داشته باشید. چه حسرتی بیشتر از اینکه به پایان عمر خود نزدیک شوید و با افسوس به گذشته نگاه کنید. با خواندن و عمل به آموزه‌های این کتاب، جایی برای حسرت وجود نخواهد داشت. روشی که در این کتاب ارائه می‌شود، ترکیبی از آموزه‌های استادان برجسته ایرانی و بین‌المللی و تجربیات تلخ و شیرینم در این مسیر است. وقتی این روش را برای خود و چندین نفر از شاگردانم امتحان کردم و به کاربردی‌بودن آن ایمان پیدا کردم، با خودم گفتم چرا این فرمول عالی و تضمینی را در اختیار تعداد بیشتری از تشنگان موفقیت و رشد، قرار ندهم و این دلیل اصلی نگارش این کتاب است. امیدوارم با خواندن و البته انجام تمارین این کتاب به هر آنچه در آرزوی آن بوده‌اید، دست یابید. مطمئن

مقدمه

هستم دوره جدیدی از زندگی در انتظار شماست.

سیر مطالب به این شکل است که ابتدا زیربنای هدف‌گذاری را بنا می‌کنیم و روی باورهای اصلی که در مسیر می‌تواند به نفع یا ضررتان باشد، بحث می‌کنیم. سپس ارزش‌ها را به عنوان فانوس دریایی در مسیر پرتلاطم زندگی به دستتان می‌دهیم و وارد یکی از کامل‌ترین روش‌های هدف‌گذاری در دنیا می‌شویم؛ اما وجه تمایز اصلی این کتاب با سایر کتاب‌ها و دوره‌های مشابه، از اینجا به بعد نمایان می‌شود. در این مرحله شما را با کوله‌باری از اهداف بزرگ و سنگین رها نمی‌کنیم، بلکه بر اساس آخرین دستاوردهای علمی و با تکیه بر روش کارکرد مغز، تکنیک‌هایی به شما آموزش می‌دهم که می‌توانید تقریبا به هرچه بخواهید دست یابید.

شنیدن تجربیات و داستان‌های موفقیت شما به ما انگیزه می‌دهد. پس هرچه دل تنگتان می‌خواهد از طریق ایمیل یا اینستاگرام با ما در میان بگذارید.

Instagram: BashgaheRoshd
Email: info@BashgaheRoshd.com

پیش از آغاز فصل اول، می‌خواهم به دو دلیل به شما تبریک بگویم: اولا شما جزء اقلیت افراد اهل مطالعه هستید. دوم اینکه با مطالعه این کتاب شما هم عضو باشگاه رشد هستید! در باشگاه رشد ما یک ویژگی مشترک داریم: هر روز یک کار هرچند کوچک برای رشد خود انجام می‌دهیم. رؤیای ما این است که دنیا را به جای بهتری برای زندگی تبدیل کنیم، ولی مطمئن هستیم این رؤیا محقق نمی‌شود مگر با رشد خودمان. به همین دلیل شعار ما این است:

در باشگاه رشد، خودمان تغییری می‌شویم که در دنیا جست‌وجو می‌کنیم.

فصل اول:
بایدونبایدهای راه

● هدف‌گذاری یا انتظار؟

در همین ابتدای کتاب، تکلیف خودمان را روشن کنیم که ما قرار نیست برای لذت‌بردن از زندگی، منتظر تحقق اهدافمان بمانیم. زندگی یک سفر پرفرازونشیب است که از تک‌تک لحظات آن بهره می‌بریم و تنها دارایی خود یعنی لحظه حال را در انتظار ورود شخصی به زندگی‌مان یا محقق‌شدن آرزویی، از دست نمی‌دهیم. به عبارتی دیگر، رؤیای خرید مرسدس بنز، نباید مانع لذت بردن ما از رانندگی با پراید شود. همین لحظه و همین‌جا، شکرگزار همه داشته‌هایمان هستیم و بابت نداشته‌هایمان غصه نمی‌خوریم.

● منتظر سرندی‌پیتی‌ها باش!

کارتون سرندی‌پیتی را یادتان هست؟ اگر یادتان باشد، «کنا» به همراه پدر و مادرش سوار بر کشتی می‌شوند، اما به دلیل واژگون‌شدن کشتی بر اثر توفان، تمام سرنشینان آن به دریا می‌افتند و «کنا» هم روی یک تخم بزرگ صورتی‌رنگ می‌افتد و با همان تخم به ساحل یک جزیره می‌رسد و از توفان نجات می‌یابد. اتفاقا یک دایناسور به نام سرندی‌پیتی از تخم خارج می‌شود و از این لحظه زندگی هر دو شخصیت کارتون ما، دستخوش ماجراها و اتفاقات تلخ و شیرین زیادی می‌شود.

زندگی ما هم شبیه همین کارتون است. علی‌رغم ترجیحات و برنامه‌ریزی‌های ما، کائنات نیز برنامه‌های خودش را پیاده می‌کند. گویا خیلی توجهی به ما ندارد و فقط در مسیر از پیش تعیین‌شده خود پیش می‌رود. در جهانی با چنین قوانینی، ما دو انتخاب داریم:

انتخاب اول و رایج: برنامه‌ریزی و هدف‌گذاری، به‌هم‌خوردن برنامه‌هایمان، آشفتگی و تشویش، نرسیدن به اهداف.

انتخاب دوم و نادر: برنامه‌ریزی و هدف‌گذاری، به‌هم‌خوردن برنامه‌هایمان، پذیرش وضعیت موجود، کشف سرندی‌پیتی‌های موجود در این شرایط، ارائه بهترین عملکرد و نسخه خود.

نوبت شماست

به نظر می‌رسد کرونا برنامه‌های بسیاری از ما را به هم زده است، شاید مدت‌ها در حال خیال‌بافی سفری رؤیایی در نوروز سال ۹۹ بودید و حالا چیزی از آن رؤیا باقی نمانده و ده‌ها رؤیای دیگر... انتخابتان را در مواجهه با شرایط جدید بنویسید.

....
....
....
....
....

● چرا هدف‌گذاری؟

ممکن است این ابهامات برای شما ایجاد شده باشد یا دست‌کم مشابه این سؤالات را از سایر افراد شنیده باشید:

✓ این مباحث، تئوری است.
✓ کسی با این مطالب به جایی نرسیده...
✓ اصلا با این شرایط مگر امکان هدف‌گذاری وجود دارد؟

واقعیت این است که هدف‌گذاری لزوما ما را به همان مقصد نمی‌رساند. بله درست متوجه شدید. هیچ تضمینی وجود ندارد که ما به اهدافمان دست یابیم. حتما می‌پرسید پس چرا هدف‌گذاری کنیم؟ چهار دلیل اصلی وجود دارد:

دلیل اول: پس از هدف‌گذاری و در مسیر تلاش برای دستیابی به آن، مسلما شما انسان بزرگ‌تر و بهتری خواهید بود؛ حتی اگر هیچ‌وقت به هدف خود نرسید.

دلیل دوم: انسانی که اهل هدف‌گذاری است، برای بهره‌برداری از فرصت‌ها و سرندی‌پیتی‌های پیش‌آمده در مسیر زندگی، آماده‌تر است؛ بنابراین باز هم ممکن است به هدف مورد نظر دست نیابیم، اما به هدفی بزرگ‌تر یا لااقل متفاوت دست بیابیم. به عنوان مثال، من در مسیر اهدافم وب‌سایت باشگاه رشد را راه‌اندازی کردم و با پیش‌آمدن محدودیت‌ها و البته فرصت‌های جدید پس از کرونا، به اهداف جدیدی در حوزه آموزش دست یافتم؛ هرچند هیچ هدفی برای آن نداشتم!

دلیل سوم: اگر برای زندگی‌تان اولویت‌بندی نکنید، شخص دیگری این کار را خواهد کرد. همه افراد از صبح تا شامگاه، در حال فعالیت و حرکت در جهت هدفی مشخص هستند؛ تفاوت در این است که آن هدف متعلق به

چه کسی است. از آنجا که اشخاص هدفمند، اولویت‌های خود را به‌خوبی مشخص کرده‌اند، کمتر دچار روزمرگی و تلاش کورکورانه می‌شوند و هنگام مواجهه با درخواست سایرین برای اختصاص وقت، انرژی، توجه و پول، آگاهانه منابع خود را مدیریت می‌کنند.

> اجازه ندهید سروصدای عقاید دیگران، صدای درون شما را غرق کند.
> استیو جابز

دلیل چهارم: ژاپنی‌ها مثلی دارند که می‌گوید ایکیگای خود را بیابید و زندگی شاد و طولانی داشته باشید. «ایکی» یعنی زندگی و «گای» یعنی ارزش‌داشتن و در فرهنگ ژاپنی، ایکیگای نماد هدفمندبودن و یکی از اسرار طول عمر و جوان ماندن آنها است. به زبان ساده چرایی و هدف خود را بیابید، آنچه دلیل حرکت و بیداری هر روز شما است. به این ترتیب بازنشستگی هیچ‌وقت برای شما معنا و مفهومی ندارد و هر روز در جهت علایق شخصی خودتان به پیش می‌روید. آیا زندگی از این بهتر هم می‌شود؟ به شما قول می‌دهم اگر تا پایان کتاب با من باشید، این راز مگو را با شما در میان بگذارم.

● شما بیشتر اوقات کجا هستید؟

بر اساس ماتریس آیزنهاور، به‌طورکلی می‌توان کارها را به چهار دسته کلی تقسیم کرد:

۱. ضرورت: کارهای فوری و مهم؛ یعنی هم باید همین حالا انجام شوند و هم عدم رسیدگی به آنها تبعات منفی مشخصی دارد؛ مثلا پرداخت قبض برق در دسته ضرورت جای می‌گیرد.

این کارها را باید تا جای ممکن اتوماتیک کرد تا بدون نیاز به صرف وقت، خود به خود انجام شوند؛ مثلا مدت‌هاست که آقاسید، میوه‌فروش عزیزمان، هر هفته میوه‌ها را در منزل تحویل می‌دهد تا من درگیر خرید میوه نشوم.

۲. بطالت: کارهای فوری و بی‌اهمیت؛ یعنی انتظار می‌رود همین الان انجام شوند، اما اگر انجام نشوند اتفاق خاصی نمی‌افتد؛ مثلا پاسخ به یک تماس غیرضروری می‌تواند در این گروه جای بگیرد.

بهترین روش برای انجام این کارها، انجام‌ندادن آنها است! یعنی باید این کارها را برون‌سپاری کنیم و مطمئن شویم شخص دیگری آنها را انجام می‌دهد. با توجه به لزوم تمرکز بر موارد مهم‌تر در باشگاه رشد، یکی از همکاران به صورت اختصاصی به اینستاگرام رسیدگی می‌کند. توجه داشته باشید که همین کار برای همکار عزیزم، در دسته ضرورت و بعضا ذکاوت جای می‌گیرد.

۳. حماقت: کارهای غیرفوری و بی‌اهمیت؛ نه‌تنها عجله‌ای برای انجام آنها نیست بلکه به تعویق افتادن آنها تبعاتی نخواهد داشت؛ مثلا چک‌کردن مداوم شبکه‌های اجتماعی در این دسته قرار دارد، هرچند موجب نارضایتی برخی از مخاطبان عزیزم می‌شود.

طبیعتا اسم این دسته، نشان‌دهنده لزوم حذف آنها است؛ مثلا من تا قبل از تأسیس باشگاه رشد، اپلیکیشن اینستاگرام را روی گوشی خود نصب نکرده بودم؛ چون معتقد هستم برای اکثر افراد که مصرف‌کننده (و نه تولیدکننده) محتوا هستند، شبکه‌های اجتماعی حاصلی به‌جز اتلاف وقت ندارد.

۴. ذکاوت: کارهای غیرفوری اما مهم؛ این دسته از کارها را می‌توان تا ابد به تعویق انداخت و تبعات آن بعدها مشخص می‌شود؛ مثلا همین کاری که شما اکنون در حال انجام آن هستید. بله؛ مطالعه.

دخترم، آوا الان من را صدا می‌زند. من دو انتخاب دارم: به نوشتن ادامه بدهم یا ذکاوت به خرج بدهم و حس دیده‌شدن او را ارضا کنم؛ انتخابی که مهم اما غیرفوری است و تبعات بی‌توجهی به آن ۲۰ سال بعد مشخص می‌شود. وقتی دخترم حاضر خواهد بود برای دیده‌شدن و جلب توجه سایرین دست به هر کاری بزند و توان نه گفتن نخواهد داشت.

خیلی مهارت‌ها در حال حاضر در ایران در دسته ذکاوت جای می‌گیرند،

ولی چند سال بعد به ضرورت تبدیل می‌شوند. به نظر من مهارت‌های فروش، ارتباط مؤثر، ارائه و سخنرانی از این دسته هستند.

نوبت شماست

۳ کار مهمی که امروز انجام دادید، بنویسید. به نظر خودتان، اگر ۳۶۵ روز دیگر به همین منوال ادامه بدهید، آیا به آرزوهای خود دست خواهید یافت یا باید با آن‌ها خداحافظی کنید؟

....
....
....
....
....

● زمستان فصل من است!

دوستان عزیز، همیشه عده زیادی از مردم در حال تردید و اتلاف وقت در همه جای این ماتریس هستند و تنها خانه‌ای که بدون مشتری باقی می‌ماند، خانه ذکاوت است. به‌خصوص اگر بهانه‌ای مانند ویروس کرونا پیدا شود، برای در جا زدن عذر موجهی وجود دارد؛ اما اگر شما مدت‌ها دنبال موفقیت و پیشی گرفتن از سایرین و خودتان بوده‌اید، خبر خوب این است که الان بهترین زمان برای انتخاب رشد و موفقیت است.

● جهان الان در ...ترین وضعیت خود قرار دارد. شما بگویید؟

واقعیت این است که هر پاسخی که به این سؤال داده باشید، صحیح است و احتمالا دنیا نیز پاسخی متناسب با ذهنیت خودتان به شما ارزانی داشته است. اشتباه نکنید! ما درباره یک پدیده ماورایی حرف نمی‌زنیم. کافی

است نگاهی به اطراف خود بیندازید تا شواهد کافی برای ادعای خود یا علیه آن بیابید. شرکت‌های کوچک و بزرگ زیادی در این شرایط عجیب و غیرقابل‌تصور سال ۱۳۹۹، به سودهای هنگفتی دست یافته‌اند.

البته کسب‌وکارهای زیادی نیز آسیب‌های جدی دیده‌اند. شاید بتوان گفت بخشی از موفقیت برنده‌های این شرایط به این دلیل بوده که زمان مناسبی را صرف کارهایی از جنس ذکاوت کرده‌اند. آن‌هم درست در روزهایی که کارهای فراوانی از جنس ضرورت، بطالت و حماقت بر سرشان ریخته بوده. به عنوان نمونه سایت ایسمینار از سال ١٣٩٤ فعالیت جدی خود را آغاز کرد و به مرور فعالیت خود را گسترش داد. حتی این واقعیت که وبینار و آموزش مجازی طرفدار زیادی در کشور ما نداشته، نتوانست مانع پشتکار و استمرار آقای مانوئل اوهانجانیانس (کارآفرین جوان ایرانی) شود. شاید اگر هرکدام از ما به‌جای ایشان بودیم، خیلی زود این ایده را رها کرده و به یک کار عادی مانند راه‌اندازی کافی‌شاپ یا رستوران بسنده می‌کردیم؛ اما تکیه بر کارهای گروه ذکاوت همیشه راهگشاست، هرچند هیچ تخمینی از زمان دستیابی به موفقیت نخواهیم داشت.

راستی اگر یک کسب‌وکار سنتی مانند خرده‌فروشی پوشاک راه انداخته بودیم و یک دوست یا مشاور، به ما توصیه می‌کرد وب‌سایت یا کانال فروش مجازی خود را نیز برپا کنیم، چقدر توصیه او را جدی می‌گرفتیم؟

آرمسترانگ جمله زیبایی دارد که می‌گوید: «وقتی از روی رکاب برمی‌خیزی و رقبا واکنشی نشان نمی‌دهند، یعنی بریده‌اند و توان رقابت با تو را ندارند. همین الان وقت جلوزدن، بردن و موفقیت است».

البته ممکن است برخی افراد به ما خرده بگیرند که چرا از آقای آرمسترانگ که دوپینگ کرده، نقل‌قول کرده‌ایم. در جواب این عزیزان عرض می‌کنیم: دوست عزیز! گفتار صحیح و حکیمانه را از هر فردی به دیده منت و آغوش باز بپذیر.

◀ محدودیت، فرصت است نه مانع!

شاید با مقدمات بالا، بتوان راحت‌تر این ادعا را مطرح کرد. باز هم تأکید می‌کنیم این کتاب درباره ماوراءالطبیعه، متافیزیک یا جملات انگیزشی بی‌محتوا نیست؛ پس لطفا هیچ مطلبی از آن را بدون تفکر و استدلال نپذیرید، حتی همین جمله را.

چه کسی گفته محدودیت، نه‌تنها مانع نیست بلکه فرصت نیز هست؟!

جواب من به این سؤال این است: در شرایط نامساعد، اکثر افراد دست از

تلاش می‌کشند، به امید اینکه فرداهای بهتری در راه است و تلاش را از آن زمان از سر می‌گیرند. غافل از اینکه آن فردای بی‌دردسر و ایدئال هرگز فرا نمی‌رسد. حال اگر شما جزء معدود افرادی باشید که در شرایط سخت، ثبات قدم دارند و به تلاش خود ادامه می‌دهند، فاصله‌تان با رقبا و با گذشته خودتان، چند برابر می‌شود؛ یعنی محدودیت برای شما فرصت بوده و نه مانع. به این ترتیب، هر زمان با شرایط سخت مواجه شدید، بدانید که اولا این شرایط برای سایر افراد نیز به همین شکل است. دوم اینکه دقیقا همین حالا وقت سرسختی نشان‌دادن، تسلیم نشدن و ادامه‌دادن است.

● آیا ادعای این کتاب این است که اتفاقات و حوادث خارج از کنترل، اثری بر ما ندارد؟

پاسخ واضح است؛ قطعا همه ما از شرایط بیرونی تأثیر می‌پذیریم و در برخی موارد این اتفاقات بسیار تلخ و مأیوس‌کننده هستند. ممکن است عزیزی را از دست بدهیم یا ورشکسته شویم. ناراحتی و یأس، واکنش طبیعی ما به این رخدادها خواهد بود؛ اما به‌محض اینکه سوگواری‌مان تمام شد، باید مسئولیت تمام انتخاب‌هایمان را بپذیریم. اگر ترجیح دادیم تا ماه‌ها و سال‌های متوالی به سوگواری بپردازیم و تا مدت‌ها بعد بخواهیم آن شکست، موضوع محوری زندگی‌مان باشد، این انتخاب ما است و تبعاتی مشخص خواهد داشت؛ اما اگر پس از ناراحتی اولیه، عزم خود را جزم کردیم و بهترین نسخه خودمان بودیم، تفاوت بسیار زیادی با حالت قبل خواهیم داشت و این حادثه می‌تواند به نقطه عطف زندگی ما تبدیل شود.

فصل دوم:
ارزش

آیا تا به حال افرادی را دیده‌اید که به ظاهر موفق هستند، اما از زندگی و امکانات فراوانی که دارند لذت نمی‌برند؟ بهترین خانه، ویلا، اتومبیل، شرکت و کارخانه و البته حساب بانکی پر از پول، بخشی از دارایی‌های آن‌ها است؛ پس مشکل کجاست؟ مگر هدف‌گذاری برای این نیست که ما بعد از ماه‌ها و سال‌ها تلاش به چنین جایگاهی دست یابیم؟ این همه تلاش برای رسیدن به یک حال بد؟!

مشکل اصلی اینجاست که بسیاری افراد در مسیر هدف‌گذاری، عجولانه رفتار می‌کنند و یک مرحله بسیار اساسی را فراموش می‌کنند. این مرحله چیزی نیست جز تعیین ارزش‌ها.

◀ کدام ارزش؟

ممکن است ارزش برخی کلمات به دلیل استفاده بیش از حد، کم شود و از اثر آن در ذهن مخاطب کاسته شود و اتفاقا همین حادثه دردناک برای خود کلمه «ارزش» رخ داده است! از آنجا که در فرهنگ و ادبیات رسمی کشورمان، این کلمه به دفعات به گوش مخاطب رسیده است، به‌محض اینکه مجدد در معرض آن قرار می‌گیرد، انبوهی از قضاوت و پیش‌داوری وارد ذهنش شده و راه شنیدن حرفی جدید در این مورد مسدود می‌شود؛ اما از شما خواهش می‌کنم برای چند دقیقه، بی‌طرفانه به حرف‌های من دقت کنید.

◀ اثر انگشت

فرض کنیم دو دوست با زمینه خانوادگی و شرایط یکسان به نام ارسطو و نقی، می‌خواهند برای خود هدف‌گذاری کنند. از آنجا که اعمال و رفتار ارسطو روی نقی تأثیرگذار است، موفقیت‌های اخیر ارسطو در حوزه

کسب‌وکار موجب شده نقی نیز به فکر فرو رود و انرژی و تمرکز بالایی برای کسب درآمد اختصاص دهد و ناخودآگاه، وقت کمتری برای ارتباط با خانواده، ورزش و سلامتی صرف کند.

سه سال بعد، هر دو نفر به اهداف درآمدی خود دست یافته‌اند، اما یکی خوشحال است و دیگری افسرده. راز این معما در اولویت‌بندی ارزش‌های این دو دوست نهفته است:

لیست ارزش‌های نقی:

اول: خانواده

دوم: سلامتی

سوم: ثروت

لیست ارزش‌های ارسطو:

اول: ثروت

دوم: خانواده

سوم: سلامتی

جالب اینجاست که ارزش‌های هر دو نفر یکسان است و تفاوت، صرفا در اولویت آنها است. به همین دلیل است که ارزش را می‌توان به اثر انگشت تشبیه کرد؛ کاملا شخصی، خنثی و غیر قابل کپی‌برداری.

● شخصی

ارزش شما فقط به خودتان مربوط است و هیچ شخص دیگری حق ندارد آن را تغییر دهد و شما نیز نباید به دیگران اجازه دهید وارد این حریم شوند.

خنثی

برخلاف تصور عامه مردم، ارزش صحیح و غلط وجود ندارد و برخی ارزش‌ها، مهم‌تر از سایرین نیستند. مادامی‌که با خودتان صادق باشید و آگاهانه انتخاب کرده باشید، هر آنچه به عنوان اولویت زندگی برگزیده‌اید، صحیح است.

هرگز انتخاب خود را با ترجیحات سایرین مقایسه نکنید. اگر اولویت شما کسب‌وکار باشد، همان اندازه ارزشمند است که امور معنوی و خیریه باشد، یا پول و ثروت یا خانواده؛ بنابراین پس از انتخاب و اولویت‌بندی ارزش‌هایتان به‌هیچ‌وجه دچار عذاب وجدان نشوید.

غیر قابل کپی‌برداری

واقعیت نظام ارزشی خودتان را بپذیرید. همان‌طور که در مثال ارسطو و نقی دیدیم، اگر هدف اصلی زندگی را دستیابی به حس رضایت بدانیم، صرفا با حرکت در جهت ارزش‌های اصلی‌مان به رضایت از خود دست می‌یابیم؛ پس بدترین جفایی که می‌توانیم در حق خودمان روا بداریم، کپی‌کردن سبک زندگی و ارزش‌های سایر افراد است.

کپی‌کردن سبک زندگی و ارزش‌های سایر افراد، روشی تضمینی برای عدم خوشنودی از زندگی است.

قطب‌نما

چندی پیش، در معرض یک انتخاب سخت قرار گرفتم و باید بین صداقت و پول، یکی را برمی‌گزیدم.

ساعت‌ها می‌گذشت و من در هر ثانیه چندین بار بین هر دو گزینه

جابه‌جا می‌شـــدم. فرصت زیادی هم نداشتم، یا باید آن معامله را انجام می‌دادم و عذاب وجدان ناشی از زیرپاگذاشتن صداقت را به جان می‌خریدم، یا مثل شخصیت‌های مثبت فیلم‌ها رفتار می‌کردم و در حسرت آن سود سهل‌الوصول چند میلیارد تومانی باقی می‌ماندم. حتما می‌توانید تصور کنید چقدر لحظات سختی را تجربه کردم.

خوشبختانه یا متأسفانه باید بگویم جملاتی که به صورت مورب (ایتالیک) نوشته شده، صحت ندارد و اصلا لحظات سختی را تجربه نکردم؛ چون یک چیز را خوب می‌دانستم، ارزش صداقت برای من اولویت بیشتری نسبت به پول و ثروت دارد. خواهش می‌کنم فکر نکنید من این کار به خاطر این انجام دادم که صادق‌بودن خوب است! بلکه ذکاوت به خرج دادم؛ زیرا عدم توجه به ارزش‌ها، نهایتا موجب عدم رضایت من از زندگی خواهد شد و این در حالی است که تمام هدف من از کسب درآمد، کسب رضایت است. اگر یک بار در زندگی این فرصت را به خود بدهید که ارزش‌های خود را تعیین و اولویت‌بندی کنید، در اکثر دوراهی‌های زندگی، تکلیف شما روشن خواهد بود تا جایی که اصلا بر سر دوراهی هم نمی‌رسید. از مدت‌ها قبل راهنما زده‌اید و با خوشحالی در لاین مربوطه در حال حرکت هستید.

به همین دلیل می‌گویم ارزش مثل قطب‌نما، جهت اصلی حرکت را برای شما مشخص می‌کند و به عنوان چارچوب و مبنایی برای تصمیمات ریز و درشت عمل می‌کند. تصمیماتی مانند:

- پیشنهاد جذاب کار اقماری (هر ماه ۲۳ روز حضور در قشم و هفت روز در کنار خانواده) را بپذیرم یا نه؟
- آیا به کانادا مهاجرت کنم یا در کنار خانواده و دوستان باقی بمانم؟
- با سحر ازدواج کنم یا صغری؟

- با داریوش ازدواج کنم یا اصغر؟
- اصلا ازدواج کنم یا نه؟
- به تحصیل ادامه بدهم یا کار کنم؟
- و... .

اگر بنا باشد در مواجهه با هر دوراهی، ساعت‌ها صرف بررسی گزینه‌های مختلف و مزایا و معایب هرکدام شود، ما خود را غرق جزئیات بیهوده کرده‌ایم و خبر بد این است که تضمینی برای اینکه به رضایت خاطر برسیم وجود ندارد. ممکن است برای اطمینان بیشتر، زمان زیادی به تصمیم‌گیری اختصاص دهیم، اما هرچه بیشتر فکر می‌کنیم کمتر می‌یابیم.

نوبت شماست

۳ تصمیم مهمی که طی دو سال گذشته گرفتید بنویسید. حس خودتان را درباره این تصمیمات بنویسید.

....

....

....

....

....

اوایل سال ۹۷ یکی از همکارانم درخواست اقامت به سفارت آلمان داد و به من گفت: اجازه بده برای تو هم درخواست را بفرستیم، ضرری که ندارد. من هم علی‌رغم اینکه در آن لحظه اطلاعی از شرایط مهاجرت به آلمان نداشتم، موافقت کردم. چند ماه بعد، یک ایمیل به دستم رسید که باید تا سه هفته بعد برای مصاحبه به سفارت بروم.

همسرم مخالف بود و وقتی دیدم ارزش خانواده برای من از سایر ارزش‌ها بالاتر است، به‌راحتی و با اعتمادبه‌نفس به سفارت نامه زدم و با درخواستشان مخالفت کردم! فکر کنم من اولین نفری بودم که سفارت آلمان را ریجکت کرده‌ام! البته شاید هم اگر اقدام می‌کردم، آنها درخواست من را رد می‌کردند. مسئله این است که تکلیف من با خودم روشن بود و با این رویکرد، ابر تیره تردید در بسیاری از تصمیم‌های مهم زندگی جایی ندارد.

پیشنهاد من این است که یک بار هم این روش جدید را امتحان کنید.

◀ روش‌های تعیین ارزش‌ها

روش‌های زیادی برای تشخیص ارزش‌ها وجود دارد که در اینجا به سه روش اشاره می‌شود.

◀ روش اول: امتیازدهی

در این روش فهرستی از ارزش‌ها را جلوی خود می‌گذاریم و به هرکدام امتیازی بین یک تا ۱۰ می‌دهیم.

هدیه

اگر فهرست ارزش‌ها را ندارید، می‌توانید از این نشانی آنها را دانلود کنید:

BashgaheRoshd.com/valuelist

پس از اینکه یک بار تا آخر فهرست رفتیم، ارزش‌هایی را که نمره بالای هشت دریافت کرده‌اند، انتخاب می‌کنیم و این فرایند را تا زمانی ادامه می‌دهیم که سه تا پنج ارزش برترمان مشخص شود.

فرض کنید من لیست کوتاه زیر را بررسی کرده‌ام و حاصل نمرات، جدول زیر است.

ردیف	ارزش	امتیاز
۱	آموزش	۱۰
۲	تعادل و توازن	۸
۳	صداقت	۹
٤	استقلال و آزادی	۹
٥	احترام	۷
٦	هیجان و ماجراجویی	۷
۷	امور خیریه و نوع‌دوستی	۹
۸	معنویت	۸
۹	امنیت	٥
۱۰	خانواده	۹
۱۱	پول و ثروت	۹
۱۲	ایجاد اثر در دنیا	۹
۱۳	سلامت جسم	۹
۱٤	رهبری و الهام‌بخشی	۹

همان‌طور که می‌بینید، اکثر ما دارای علایق زیادی هستیم و پس از امتیازدهی به ارزش‌ها، نمی‌توانیم به سه تا پنج ارزش منتخب برسیم. حال سؤال این است که چگونه از بین ۱۱ ارزشی که امتیاز بالای هشت کسب کرده‌اند، برخی را حذف کنیم.

در این مرحله باید مجددا بین ۱۱ ارزش منتخب، امتیازدهی کنیم. فرض می‌کنیم امتیازات جدید مطابق زیر باشد.

ردیف	ارزش	امتیاز
۱	آموزش	۱۰
۲	تعادل و توازن	۸
۳	صداقت	۹
٤	استقلال و آزادی	۹
٥	امور خیریه و نوع‌دوستی	۹
٦	معنویت	۸
۷	خانواده	۹
۸	پول و ثروت	۹
۹	ایجاد اثر در دنیا	۹
۱۰	سلامت جسم	۱۰
۱۱	رهبری و الهام‌بخشی	۸

با امتیازات جدید، آموزش و سلامت جسم امتیاز کامل را دریافت کردند و تعادل و توازن، معنویت و رهبری و الهام‌بخشی کمترین امتیازات را کسب کردند؛ اما شش ارزش، امتیاز برابر دارند و حالا باید از میان آنها، حداکثر سه مورد انتخاب شود.

در این مرحله، به نظر نمی‌رسد امتیازدهی مجدد راه چاره باشد، بلکه باید آنها را به صورت دو به دو مقایسه کنیم تا بتوانیم سه مورد را حذف کنیم.

دور اول:

با مقایسه دو به دو، سه مورد (صداقت، خانواده، استقلال و آزادی) از بین شش ارزش انتخاب شده‌اند و با ادامه مقایسه، خانواده مهم‌ترین ارزش من در این مسابقه شش نفره است.

در مقایسه دو به دو، باید ببینیم اگر در موقعیت انتخاب بین این دو ارزش قرار بگیریم، حاضر هستیم کدام را فدای دیگری کنیم؛ مثلا اگر من برای انجام یک کار خیریه و جمع‌آوری کمک برای بچه‌های بی‌سرپرست، نیاز به دروغ‌گفتن پیدا کنم، ترجیح می‌دهم صداقت داشته باشم و هدف ترسیم‌شده برای آن کار خیریه محقق نشود.

دقت داشته باشید این انتخاب من است و ممکن است انتخاب شما متفاوت باشد. به همین دلیل است که می‌گویم در اینجا درست و غلط وجود ندارد و بدون عذاب وجدان، با خودتان صادق باشید؛ مثلا من بین صداقت و خانواده، حاضرم صداقت را فدا کنم.

مقایسه اول	مقایسه دوم	مقایسه سوم	فینال
صداقت	صداقت	خانواده	خانواده
امور خیریه و نوع‌دوستی			
پول و ثروت	خانواده		
خانواده			
استقلال و آزادی	استقلال و آزادی	استقلال و آزادی	
ایجاد اثر در دنیا			

● دور دوم:

حالا مجددا مراحل فوق را این بار برای پنج ارزش باقی‌مانده تکرار می‌کنیم. از دل این فرایند، استقلال و آزادی انتخاب می‌شود. باز هم می‌بینید که علی‌رغم اینکه من در نگاه اول، ایجاد اثر در دنیا را جذاب می‌دانم، اما با کنکاش درونم، متوجه می‌شوم که اگر ایجاد اثر، به معنای از دست رفتن آزادی من باشد، حاضرم آن را فراموش کنم یا با وجود علاقه من به پول و ثروت، اگر پای صداقت در میان باشد، باید ثروت را کنار بگذارم، در غیر این صورت خوشحال نخواهم بود. باز هم توجه کنید انتخاب شما می‌تواند هر چیزی باشد، آن را بپذیرید و خودتان باشید.

مقایسه اول	مقایسه دوم	مقایسه سوم	فینال
صداقت	صداقت	صداقت	استقلال و آزادی
امور خیریه و نوع‌دوستی			
پول و ثروت	پول و ثروت		
استقلال و آزادی	استقلال و آزادی	استقلال و آزادی	
ایجاد اثر در دنیا			

◗ **دور سوم:**

در نهایت باید از میان چهار ارزش باقی‌مانده، یکی به فینال راه یابد.

مقایسه اول	مقایسه دوم	مقایسه سوم	فینال
صداقت	صداقت	صداقت	صداقت
امور خیریه و نوع‌دوستی			
پول و ثروت	پول و ثروت		
ایجاد اثر در دنیا	ایجاد اثر در دنیا	ایجاد اثر در دنیا	

اولویت‌بندی ارزش‌های منتخب

حال با مشخص شدن پنج ارزش، باید بین آنها نیز اولویت‌بندی داشته باشیم تا در زمان ایجاد تضاد، توانایی انتخاب سریع و بدون دردسر برایمان فراهم باشد.

در این مرحله نیز مقایسه دو به دو راهگشا خواهد بود. باید از خودمان بپرسیم در صورت نیاز به انتخاب، کدام ارزش فدای دیگری خواهد شد. خوشبختانه در مرحله قبل، اولویت این سه ارزش مشخص شده است:

۱. خانواده

۲. استقلال و آزادی

۳. صداقت

اکنون باید اولویت دو ارزش آموزش و سلامت جسم مشخص شود. از آنجا که حاضر نیستم برای دستیابی به اهداف آموزشی، سلامتم را به خطر بیندازم، اولویت ارزش‌های من، سلامت جسم است.

بنابراین پنج ارزش اولویت‌بندی‌شده من به شرح ذیل هستند:

۱. سلامت جسم

۲. آموزش

۳. خانواده

٤. استقلال و آزادی

٥. صداقت

اگر نسبت به نتیجه نهایی تردید داشتید، می‌توانید مجددا مقایسه دو به دو را برای این پنج ارزش تکرار کنید.

<table>
<tr><th>مقایسه اول</th><th>مقایسه دوم</th><th>مقایسه سوم</th><th>فینال</th></tr>
<tr><td>صداقت</td><td rowspan="2">استقلال و آزادی</td><td rowspan="3">خانواده</td><td rowspan="5">سلامت جسم</td></tr>
<tr><td>استقلال و آزادی</td></tr>
<tr><td>خانواده</td><td>خانواده</td></tr>
<tr><td>آموزش</td><td rowspan="2">سلامت جسم</td><td rowspan="2">سلامت جسم</td></tr>
<tr><td>سلامت جسم</td></tr>
</table>

روش دوم: انتخاب‌های گذشته

یکی از روش‌هایی که با صرف وقت و انرژی کم، می‌تواند راهنمای شما در تعیین ارزش‌هایتان باشد، توجه به انتخاب‌هایی است که عمیقا از آنها راضی یا ناراضی هستید. مثلا یکی از دوستان من همواره از این تصمیم خود ابراز پشیمانی می‌کند که ماندن در کنار پدرش را بر مهاجرت به استرالیا ترجیح داده است. هر وقت درباره هر موضوعی با او گفت‌وگو می‌کنم به همین نقطه ختم می‌شود که‌ای کاش رفته بود. طبیعی است که او می‌تواند از همین داستان، متوجه شود که برای او، خانواده نسبت به کار و پیشرفت، اولویت پایین‌تری دارد.

روش سوم: الگوها

یکی از سهل‌ترین راه‌ها برای تشخیص ارزش‌های کلیدی، بررسی افرادی است که آنها را قبول داریم، ستایش می‌کنیم و یا دوست داریم شبیه آنها شویم. مثلا من آقای دکتر نبی را عمیقا دوست دارم و به کارهای خیریه‌ای که برای افراد دارای سوءپیشینه انجام می‌دهند علاقه خاصی دارم. برخی اوقات رؤیاپردازی می‌کنم و خودم را در همان حال تصور می‌کنم. از همین نکته می‌توان حدس زد امور خیریه جزء ارزش‌های اصلی من است.

● تفاوت ارزش و هدف

از آنجا که موضوع این کتاب، هدف‌گذاری است ممکن است این سؤال به ذهن شما خطور کند که اگر ما با روش‌های فوق، ارزش خود را یافتیم، آیا اهدافمان را نیز مشخص کرده‌ایم؟ اساسا ارزش و هدف چه تفاوتی دارند؟ در پاسخ به این سؤال می‌توان به دو وجه تمایز جدی این دو موضوع اشاره کرد:

● اول: زمان

اهداف، تصویری از نقطه مطلوب زندگی ما در آینده دور یا نزدیک ارائه می‌دهند. در حالی که ارزش‌ها مربوط به لحظه حال هستند؛ همین‌جا و همین الان.

به عنوان مثال وقتی صداقت جزء ارزش‌های دارای اولویت شما باشد، قرار نیست وقتی ثروتمند شدید، یا هر تغییر دیگری رخ داد، به آن عمل کنید، بلکه از هم‌اکنون باید در تمامی موقعیت‌ها صداقت را سرلوحه کار خود قرار دهید؛ در غیر این صورت حال خودتان بد خواهد شد و فارغ از اینکه چقدر به اهدافتان دست یابید و در نگاه سایر افراد موفق به نظر برسید، از درون احساس شکست خواهید کرد؛ دلیل اصلی آن نیز بی‌اعتنایی به ارزش‌هایتان بوده است.

● دوم: اختیار

تفاوت دوم این است که علی‌رغم همه تکنیک‌هایی که استفاده می‌کنیم، هیچ تضمینی برای دستیابی به اهدافمان وجود ندارد. ممکن است ما به‌سختی تلاش کنیم، اما نتیجه مطلوب حاصل نشود؛ مثلا هدف یکی از دوستان من، قهرمانی در رشته دوومیدانی بود، اما متأسفانه پس از یک تصادف دلخراش

بخش زیادی از توانایی جسمی خود را از دست داد و این هدف محقق نخواهد شد.

از طرف دیگر، ما اختیار کامل داریم رفتارمان را بر اساس ارزش‌هایمان انتخاب کنیم و هیچ بهانه‌ای قابل قبول نیست. به عنوان مثال، ویکتور فرانکل در کتاب «انسان در جست‌وجوی معنا» تصویری از رفتارهای مطابق ارزش‌های خود در بدترین شرایط قابل تصور، یعنی اردوگاه کار اجباری یهودیان در زمان آلمان نازی ارائه می‌کند.

بنابراین پس از تعیین و اولویت‌بندی ارزش‌ها باید آنها را زندگی کنیم و تمام محدودیت‌ها و شرایط نامطلوب بیرونی، آزمونی برای سنجیدن ادعای ما خواهد بود. آیا زندگی منطبق با ارزش‌ها و طبیعتا لذت حاصل از آن را انتخاب می‌کنیم یا تن به روزمرگی می‌دهیم و پس از گذشت چند سال، پوچی و نارضایتی حاصل از آن را تحمل خواهیم کرد؟ انتخاب با شماست.

فصل سوم:
توفان فکری

حال که با ارزش‌ها و اهمیت آن آشنا شدیم و پنج ارزش خودمان را به ترتیب اولویت تعیین کردیم، نوبت به هدف‌گذاری می‌رسد. در فصول آتی، مراحل چهارگانه هدف‌گذاری حرفه‌ای ارائه می‌شود:

مرحله اول: توفان فکری

مرحله دوم: الک‌کردن

مرحله سوم: مکتوب‌کردن

مرحله چهارم: پایش اهداف

در این فصل، به توفان فکری می‌پردازیم. برخی از رؤیاها برای شما واضح است و برخی دیگر به مرور زمان از خاطر رفته‌اند و مشمول این ضرب‌المثل شده‌اند که از دل برود هر آنکه از دیده رود؛ پس لازم است از زوایای مختلف ایده‌پردازی کنید تا مطمئن شوید همه آرزوهای خود را در یک سبد جمع کرده‌اید. در اینجا ۱۰ روش ارائه می‌شود که قرار است از هرکدام از آنها یک یا چند ایده به دست آید. البته اگر یک آرزو از چند روش سر درآورد کاملا طبیعی است.

روش اول: غول چراغ جادو

رؤیاهای کوچک نداشته باشید چون قدرت تکان دادن قلب شما را ندارند.
گوته

یکی از بزرگ‌ترین جنایت‌هایی که ما در حق خود روا می‌داریم، کشتن روح بزرگ و خلاقمان است. در نوجوانی و اوایل جوانی، رؤیاهایی به بزرگی تغییر کل هستی داریم، ولی به مرور دچار سندروم خودسانسوری می‌شویم. بدترین لحظه، زمانی است که به این جمع‌بندی برسیم که باید با رؤیاهایمان خداحافظی کنیم و به زندگی روزمره خو کنیم. از آن لحظه هیچ چیز در دنیای بیرون تغییر نکرده، بلکه دنیای درون شما از تب‌و‌تاب افتاده و شما با اموات تفاوت چندانی نخواهید داشت.

اما از آنجا که اکنون در حال مطالعه این کتاب هستید، مطمئن هستم به دنبال نوشتن سرنوشتی متفاوت هستید؛ پس درنگ نکنید! فرض کنید غول چراغ جادو به خدمت شما رسیده و می‌گوید: سرورم، در خدمتگزاری حاضرم! غول‌های باشگاه رشد، محدودیتی برای تعداد آرزو ندارند و می‌توانید هر تعداد دستوری که دارید، بفرمایید و در لحظه و بدون معطلی به خواسته خود می‌رسید.

نوبت شماست

هر چه آرزوهای بیشتری بنویسید، غول چراغ جادو خوشحال‌تر می‌شود.

....

....

....

....

از شما خواهش می‌کنم حق مطلب را ادا کنید. اگر هیچ‌کدام از محدودیت‌هایی که الان به نظرتان بخشی جدایی‌ناپذیر از زندگی شما هستند، وجود نداشتند چه کاری می‌کردید؟ نقاشی را شروع می‌کردید؟ فضانورد می‌شدید؟ یک کارخانه تولید اسباب‌بازی احداث می‌کردید؟ کتاب خودتان را می‌نوشتید؟

◖ روش دوم: جشن تولد ۸۰سالگی

الان سال ۱٤۵۰ است و شما ۸۰ساله شده‌اید. تولدتان مبارک! از انجام چه کارهایی به خود می‌بالید و از خودتان ممنون هستید که فرصت کسب آن تجارب را به خود داده‌اید. چقدر خوب شد ایده ایجاد یک کسب‌وکار آنلاین را عملیاتی کردید و توانستید به افکار منفی و مخربی که در ذهنتان مانور می‌دادند غلبه کنید، افکاری که مدام دم از ورشکستگی و بدبختی می‌زدند.

چه حسرت‌هایی ممکن است داشته باشید؟ ۳۰ سال پیش را یادتان می‌آید، وقتی ۵۰ ساله بودید... در جشن فارغ‌التحصیلی دخترتان حضور نداشتید. البته جلسه کاری بسیار مهمی پیش آمده بود، ولی الان که به عقب برمی‌گردید، کدام یکی اهمیت بیشتری داشته‌اند؟

در ۵۰ سال گذشته، تقریبا یک‌سوم از کل تعطیلات آخر هفته را صرف پروژه‌های کاری کردید و لذت حضور و هم‌نشینی با خانواده را از دست دادید. البته که تأثیر این کمبودها را بعدها در روابط نامطلوب با همسر و فرزندان لمس کردید.

هیچ‌کس در بستر مرگ آرزو نمی‌کند ای‌کاش یک روز بیشتر در دفتر کارم مانده بودم.
وارن بافت

نوبت شماست

کاملا در نقش خود فرو بروید. الان یک فرد ۸۰ ساله هستید. چه لذت‌ها یا حسرت‌هایی دارید؟

....
....
....
....
....

روش سوم: الان حاضر هستید چه کاری انجام دهید تا ۱۲ ماه بعد بگویید آفرین به خودم!

برای اینکه در دام آرزوهای طول و دراز نیفتید، باید از لنزهای مختلفی به بررسی اهداف بپردازید. در این روش، با نگاهی کوتاه‌مدت، کارهای مهم یک سال آتی را در نظر بیاورید و ببینید، اگر هیچ محدودیتی وجود نداشت، از امروز تا ۳٦۵ روز بعد، چه کارهایی را باید انجام دهید.

باید چه پروژه‌ای را شروع یا تمام کنید؟ آیا باید مهارت خاصی را یاد بگیرید؟ آیا رابطه مخربی هست که باید به آن خاتمه دهید؟ یا ارتباط خوبی را تعمیق بخشید؟

نوبت شماست

فقط ۳۶۵ روز فرصت دارید...

....

....

....

....

....

روش چهارم: ترس‌ها، راهنمای موفقیت

همه ما از انجام کارهای خاصی واهمه داریم و معمولا همین ترس‌ها، بهترین راهنما برای اهدافی هستند که باید به سمتشان حرکت کنیم؛ مثلا اگر ترس از سخنرانی در جمع دارید، عدم تسلط به این مهارت، سقفی نامرئی برای موفقیت شما ایجاد کرده و تا زمانی که آن را به جعبه‌ابزار

خودتان اضافه نکنید، وضع به همین منوال خواهد بود.

اما به‌محض اینکه پای خود را از ناحیه امن بیرون می‌گذارید، به حصاری که دور خود کشیده بودید، آگاه می‌شوید. اکنون اهداف زندگی، دست‌یافتنی‌تر می‌شوند و رضایت درونی شما نیز بالاتر می‌رود. تصور کنید تمام عمر در این حسرت بوده‌اید که کتاب شعرتان را منتشر کنید. بسیار ناراحت‌کننده است که در این سال‌ها چنین بار سنگینی را به دوش کشیده‌اید. اکنون اگر با این ترس روبه‌رو شوید و کار را به سرانجام برسانید، علاوه بر فرصت‌های فراوانی که به شما روی خواهند آورد، حال خودتان بسیار بهتر خواهد بود و با اعتمادبه‌نفس بیشتری به سمت اهدافتان حرکت می‌کنید.

ترس‌ها جزایر کشف نشده وجود شما هستند، جزایری مملو از معادن طلا و جواهر. به دلیل اینکه همیشه از مواجهه با آنها امتناع کرده‌اید، زمینی بکر و حاصلخیز منتظر شماست. انجام اقداماتی در راستای آنها، به شکل باورنکردنی موجب پیشرفتتان خواهد شد.

نوبت شماست

کدام آرزوها هستند که حتی فکرکردن به آنها شما را می‌ترساند؟ آن‌قدر می‌ترسید که هیچ حرکتی به سمتشان نمی‌کنید؛ به نحوی که گویا فلج می‌شوید. تبریک می‌گویم شما اهداف خود را یافته‌اید!

....
....
....
....
....

● روش پنجم: ارزیابی سال گذشته

چندین سال قبل، هر بار با فرا رسیدن اسفندماه احساس می‌کردم باید برای موفقیت کاری انجام دهم و چه بهانه‌ای بهتر از نوروز! تمام آرزوهای ریز و درشت خود را مکتوب می‌کردم و تمام تلاشم را صرف حفظ انگیزه و این باور می‌ساختم که امسال قرار است سالی متفاوت با سال گذشته رقم بخورد.

اگر شما هم همین مسیر را طی کرده باشید، حتما تأیید می‌کنید که سال‌ها یکی پس از دیگری فرا می‌رسند، بدون اینکه تغییر خاصی رخ دهد تا اینکه بالاخره به یکی از علل ناکامی خودم پی بردم. من همیشه سعی می‌کردم با فراموشی گذشته و سرپوش گذاشتن بر شکست‌ها و حسرت‌های پیشین، مستقیم به سراغ آینده بروم؛ بنابراین در سال جدید نیز همان اشتباهات و الگوهای رفتاری و احساسی را تکرار می‌کردم و اگر نتیجه متفاوتی حاصل می‌شد جای تعجب داشت.

بلافاصله به سراغ بررسی دقیق سال گذشته رفتم. پس از تجزیه‌وتحلیل تصمیماتم متوجه وجود نقاط ضعف زیادی در رفتارم شدم که تأثیر زیادی بر نتایج و ناکامی من در رسیدن به اهدافم داشت.

به عنوان نمونه برخلاف ادعای همیشگی‌ام مبنی بر منطقی‌بودن، با بررسی دقیق چند تصمیم بزرگم مشخص شد که در زمان تصمیم‌گیری، بسیار احساسی و هیجانی رفتار می‌کنم و همین ضعف موجب اخذ تصمیمات شتاب‌زده می‌شود. انتخاب‌هایی که اغلب بعدها با پشیمانی همراه بوده است.

به نظر می‌رسد این نقطه‌ضعف بزرگی است که بدون بررسی نیز قابل تشخیص خواهد بود؛ اما باور کنید تا زمانی که با صرف وقت مناسب

و با کیفیت، به دنبال آسیب‌شناسی گذشته نباشید، به‌راحتی ممکن است نقاط ضعفتان را فراموش کنید و علی‌رغم تکرار الگوهای قبل، انتظار نتایج متفاوت داشته باشید.

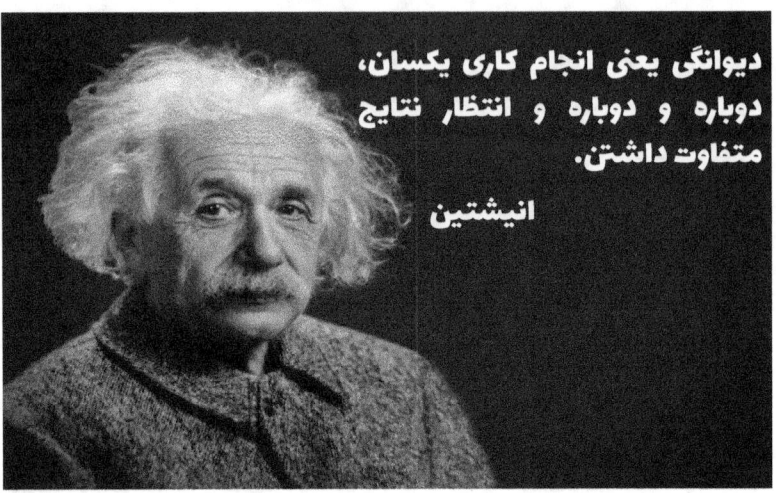

همچنین ارزیابی دقیق سال گذشته شما را واقع‌بین می‌کند. اگر هر سال انتظار دارید ۵۰ کتاب مطالعه کنید و هیچ‌وقت به این عدد حتی نزدیک هم نشده‌اید، یک جای کار می‌لنگد. اگر امسال هم هدف ۵۰ کتاب را در نظر بگیرید، روح انیشتین را آزار داده‌اید.

البته لزوما قرار نیست هدف را به ۱۰ کتاب کاهش دهید، بلکه ممکن است نتیجه ارزیابی این باشد که مشکل اصلی شما سرعت مطالعه است و شرکت در کلاس تندخوانی راهکار رسیدن به هدف باشد؛ اما اگر بدون تحلیل دلایل شکست سال گذشته امسال هم همان مسیر را ادامه دهیم، صرفا چشم خود را روی حقایق بسته‌ایم و از کائنات انتظار معجزه داریم.

> **نوبت شماست**
>
> یک روز صبح زود یا شب زمانی که کسی مزاحم شما نیست، با تمرکز کامل به بررسی سال گذشته بپردازید. شکست‌ها، تجربیات، حسرت‌ها و البته موفقیت‌ها را از نظر بگذرانید. چه درس‌هایی می‌گیرید؟ برای کسب نتایجی متفاوت، چه چیزی باید تغییر کند؟
>
> ....
> ....
> ....
> ....
> ....

● روش ششم: پرونده‌های باز

به نظر شما آیا برای اهداف، روز ۲۹ اسفند با فردای آن روز یعنی اول فروردین تفاوتی دارد؟ پس چرا بعضا کارهای ناتمام سال گذشته را به همان حال رها می‌کنیم و به سراغ اهداف جدیدی می‌رویم؟ شاید یکی از دلایل این باشد که پیگیری و اتمام یک کار نیمه‌تمام، انرژی بسیار بیشتری نسبت به شروع یک پروژه جدید می‌طلبد. همچنین همیشه شروع یک کار جدید جذاب‌تر از ادامه کارهای قبلی است. هرچند متأسفانه این پروژه‌های جدید نیز به‌زودی به صف کارهای ناتمام می‌پیوندند.

اولین وظیفه ما به نتیجه رساندن پروژه‌های ناتمام و باقی‌مانده از سال‌های قبل است. شاید چند سال است که دنبال آزادکردن مدرک دانشگاهی هستید. یا هر وقت با دوستانتان حرف می‌زنید می‌گویید باید مدرک آیلتس را بگیرید، ولی هنوز هیچ اقدامی برایش نکرده‌اید. شاید چندین سال پیش دوره‌های طراحی وب‌سایت را گذرانده‌اید و اکنون به دنبال فرصتی برای

مرور آن جزوات و ایجاد سایت شخصی‌تان هستید.

هدفتان هرچه که باشد، زمان خالی و با فراغتی که دنبالش هستید هرگز فرا نخواهد رسید. اگر همچنان فکر می‌کنید باید انجامش دهید، همین امسال انجامش دهید و آن را در لیست اهداف قرار دهید. در فصول پایانی کتاب، روش‌هایی جادویی برای عملیاتی‌کردن این اهداف را به شما آموزش خواهم داد. اکنون صرفا به دنبال این هستیم که فهرست آرزوهایتان، کامل باشد و هیچ موردی از قلم نیفتد.

> **نوبت شماست**
>
> ایده‌ها یا پروژه‌های ناتمام سال‌های قبل را بنویسید. شاید امسال قرار است برایشان اتفاق خوبی رقم بخورد.
>
> ....
> ....
> ....
> ....
> ....

● **روش هفتم: اگر پنج سال به عقب برمی‌گشتم...**

یکی از عادت‌های متداول، مرور اتفاقات و خاطرات به صورت خودآگاه و ناخودآگاه است که اغلب منجر به بروز احساسات منفی مانند خشم، کینه، افسوس و خود انتقادگری می‌شود؛ مثلا اگر ازدواج ناموفقی داشته باشید، بارها و بارها به روزهای آشنایی و قبل از عقد و ازدواج رجوع می‌کنید و فیلم و صوت آن لحظات بارها و بارها از جلوی چشمان شما می‌گذرد. در بخش‌های آتی وقتی با عملکرد مغز آشنا شوید، دلیل این اتفاق تکراری

برایتان کاملا روشن خواهد شد؛ اما در حال حاضر به دنبال این هستیم که به‌جای فرایند فوق که حاصلی به‌جز خودخوری و انرژی منفی ندارد، آگاهانه از درس‌های حاصل از این تجربیات استفاده کنیم. فرض کنید با دانش و تجارب فعلی، به پنج سال پیش بازمی‌گشتید، چه کارهای جدیدی را انجام می‌دهید؟ انجام چه کارهایی را متوقف می‌کنید؟ چه کارهایی را متفاوت انجام می‌دهید؟ نکته مهم این است که احتمالا گذشته در حال تکرار است و ما نیز در حال تکرار همان اشتباهات گذشته هستیم. با انجام این تمرین، می‌خواهیم نسبت به اشتباهات فعلی آگاه شویم و تا دیر نشده اصلاحات لازم را اعمال کنیم. فرض کنید شما پس از انجام این تمرین می‌گویید من اگر به پنج سال پیش بازمی‌گشتم وقت بیشتری با همسر و فرزندانم می‌گذراندم. در اکثر موارد شما همین حالا هم در حال طی‌کردن مسیر قبلی هستید و باید به آگاهی برسید که فردا دیر است و اکنون وقت تغییر و عمل‌کردن است. شما هیچ دارایی به‌جز اکنون و اینجا ندارید. گذشته دیگر وجود ندارد و آینده نیز از همین لحظات فعلی به وجود می‌آید. امیدوارم برای انجام این تمرین وقت مناسب اختصاص دهید تا به‌موقع شما را نسبت به حوزه‌هایی از زندگی‌تان که نیاز به هدف‌گذاری و صرف وقت و انرژی بیشتری دارند، آگاه کند.

نوبت شماست

از طریق تونل زمان به پنج سال پیش پرتاب شده‌اید، اما خبر خوب این است که حافظه شما پاک نشده و به همه اطلاعات فعلی‌تان دسترسی دارید؛ چه چیزی را تغییر می‌دهید؟

....
....
....
....

روش هشتم: خودآگاهی با رسم چرخ زندگی

احتمالا با سیستم راهبری خودکار هواپیما (اتوپایلوت) آشنا هستید. شیوه کار این سیستم به این نحو است که در هر لحظه موقعیت مکانی هواپیما را با موقعیت مطلوب می‌سنجد و در صورت وجود مغایرت، اصلاحات را اعمال می‌کند تا هواپیما در مسیر صحیح به حرکت ادامه دهد. به نظر شما اگر خلبان صرفا تمرکز خود را به داشتن سوخت کافی و سرعت بالا معطوف کند چه اشکالی پیش می‌آید؟ اشکالی بزرگ‌تر از اینکه ممکن است پرواز تهران-کیش، سر از مشهد دربیاورد؟! در حالی که شما خود را برای آب‌وهوای معتدل کیش آماده کرده بودید، حالا در معرض سرمای جان‌سوز دی‌ماه مشهد قرار می‌گیرید. اگر شما بدون توجه به شرایطی که در حال حاضر دارید، به مسیر ادامه دهید ممکن است یک، پنج یا ۱۰ سال بعد، سر از جایی درآوردید که نقطه مطلوب زندگی شما نبوده و صرفا در این مدت، وقت خود را تلف کرده‌اید. بنابراین یکی از بهترین روش‌ها برای آغاز فرایند هدف‌گذاری، کسب خودآگاهی نسبت به وضعیت فعلی زندگی‌تان است. به این منظور، به هر حوزه از زندگی‌تان از صفر تا ۱۰ نمره بدهید و چرخ زندگی را مطابق نمونه رسم کنید. با خودتان صادق باشید تا تصویری واقعی از زندگی‌تان به دست آید.

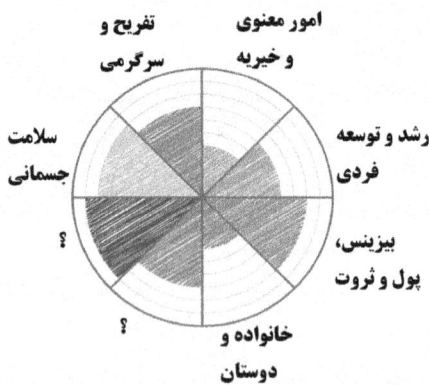

هرچند نمی‌توان مدل مطلوبی را پیشنهاد داد، اما برای تولید ایده جهت هدف‌گذاری، بهتر است به نکات زیر توجه شود:

✓ یادتان باشد قرار است چرخ زندگی شبیه چرخ باشد! پس عدم تعادل بیش از حد در حوزه‌های مختلف می‌تواند این هشدار را بدهد که باید منتظر عدم رضایتمندی در آینده باشید. مسیری که در پیش گرفته‌اید تک‌بعدی است یا برخی ابعادتان وجودتان مغفول مانده است.

✓ چرخ زندگی، عکسی از وضعیت کنونی به شما ارائه می‌دهد. اینکه این عکس با اهدافتان هم‌خوانی نداشته باشد کاملا طبیعی است؛ مثلا هیچ اشکالی ندارد که هدف کسب صد میلیارد تومان در سه سال آتی را دارید، ولی نمره‌ای که به وضعیت مالی خود داده‌اید، دو از ۱۰ بوده است؛ اما اگر این تصویر، با اولویت‌بندی ارزش‌هایتان متضاد باشد نشانه خوبی نیست. به عنوان مثال فردی را در نظر بگیرید که امور خیریه را به عنوان ارزش اول خود انتخاب کرده، ولی نمره این حوزه از زندگی‌اش دو از ۱۰ باشد. برخلاف اهداف که مربوط به آینده هستند، ارزش‌ها متعلق به اکنون و اینجا هستند. پس نسبت به عدم تطبیق چرخ زندگی با ارزش‌ها حساس باشید.

✓ حوزه‌های زندگی شما ممکن است با آنچه در تصویر قبل ذکر شده، متفاوت باشد. در تمرین زیر، حوزه‌های زندگی را که برای شما اهمیت دارند، نوشته و به آنها امتیاز بدهید. در ضمن نیازی نیست که تعداد عرصه‌های بااهمیت زندگی شما دقیقا هشت عدد باشد.

نوبت شماست

حوزه‌های مهم زندگی خود را بنویسید و به کیفیت و اوضاع خود در هریک از آنها، امتیازی بین صفر تا ۱۰ بدهید.

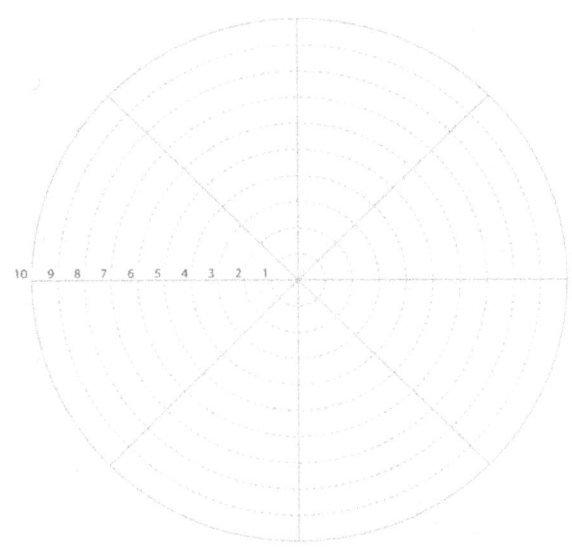

کدام بخش‌ها را می‌توان بهبود داد؟
از کدام بخش‌ها ناراضی هستید؟

....
....
....
....
....

● روش نهم: پنج ارزش برتر

آنچه به زندگی معنا می‌بخشد، حرکت در راستای ارزش‌های درونی است و چیزی که به رضایت درونی و شادمانی حقیقی منجر می‌شود، همراستایی اهداف با ارزش‌ها است؛ پس اکنون که در اوایل مسیر هدف‌گذاری قرار داریم، باید تمام سعی خود را به کار بریم تا ارزش‌ها را در زندگی روزمره خود لمس کنیم.

نوبت شماست

پنج ارزش خود را در فصل قبل مشخص کردید. با دقت در آنها، چه ایده‌هایی برای هدف‌گذاری به ذهنتان می‌رسد؟

....
....
....
....
....

● روش دهم: ۱۰ سال گذشت...

امروز پنجشنبه اول فروردین ۱۴۰۹ بود! بعد از تحویل سال و تشریفات روز اول سال، فرصتی دارید تا در خلوت و تنهایی خودتان، به عقب برگردید و نگاهی به ۱۰ سال گذشته بیندازید. یک انشا بنویسید و در آن با جزئیات توصیف کنید:

✓ چه نوع آدمی هستید؟
✓ الان چه چیزهایی دارید که مدیون تلاش‌ها و تصمیمات این ۱۰ سال هستید؟
✓ چه ویژگی‌هایی دارید؟

- ✓ چه مهارت‌هایی دارید؟
- ✓ چه روابطی دارید؟
- ✓ شغل، کسب‌وکار و اوضاع مالی چطور است؟

همه حوزه‌های زندگی را شرح دهید و این بار، چرخ زندگی مطلوب ۱۰ سال بعدتان را رسم کنید.

نوبت شماست
این بار نوبت ایدئال‌گرایی و سفر به آینده است.

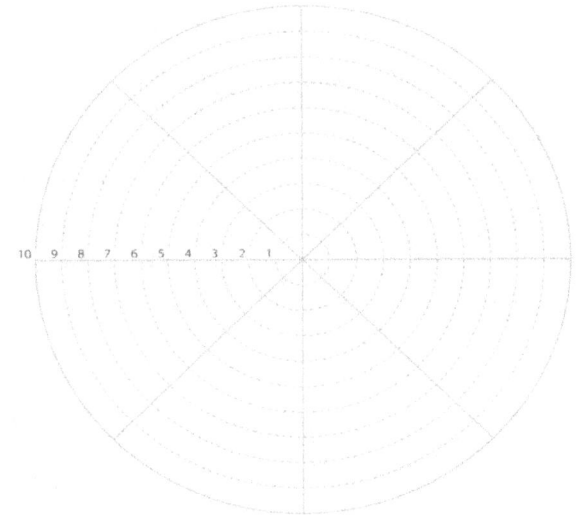

انشا یادتان نرود.

....
....
....
....
....

فصل چهارم:
الک کردن

اگر ۱۰ روش فصل قبل را به کار برده باشید، حالا باید سبدی مملو از انواع آرزوهای ریز و درشت داشته باشید. پیش از ادامه مسیر هدف‌گذاری، اهدافی که شبیه یکدیگر هستند را یکی کنید؛ مثلا باید از بین هدف خرید خانه و پس‌انداز جهت خرید منزل، یک مورد باقی می‌ماند. همچنین در صورت وجود اهدافی که جامع هستند، اهداف جزئی‌تر را حذف کنید. حال تک‌تک آرزوهای باقی‌مانده باید از شش فیلتر زیر عبور کنند و آن مواردی که از منظر این معیارها، مقبول باشند و امتیاز بالاتری کسب کنند به مرحله نهایی راه خواهند یافت.

◀ فیلتر اول: منافع ذی‌نفعان

سال‌های گذشته وقتی هدفی برای خود تعیین می‌کردم، آن‌قدر شیفته آن می‌شدم که هیچ چیز دیگری برایم مهم نبود. در حالی که تمرکزم را بر تحقق آن آرزو قرار داده بودم، با تمام قدرت به سمت آن حرکت می‌کردم؛ مثلا وقتی تصمیم گرفته بودم مدرک بین‌المللی تحلیلگری مالی (CFA) را اخذ کنم، برخی روزها چند ساعت به مطالعه می‌پرداختم. در حالی که اصلا متوجه ضربه‌ای که به مهم‌ترین ذی‌نفع زندگی یعنی همسرم وارد می‌ساختم نبودم!

ما به‌تازگی ازدواج کرده بودیم و این موضوع برای هیچ تازه‌عروسی مسرت‌بخش نیست که در طی هفته چند روز، همسرش را نبیند یا مجال صحبت و همنشینی با او فراهم نباشد؛ اما من در آن روزها هیچ‌کدام از این بدیهیات را نمی‌دیدم و فقط بر هدف مهم خود متمرکز بودم.

می‌توانم یک فصل کامل را به تجارب تلخ این‌چنینی و سایر شاهکارهایم اختصاص دهم؛ اما فکر کنم الان تصویری از لزوم توجه به منافع ذی‌نفعان، در ذهن شما شکل گرفته باشد. از آنجا که این افراد دارای نقش پررنگی

در زندگی ما هستند، هدف‌گذاری بدون بررسی تبعاتی که برای این عزیزان خواهد داشت، چندان عاقلانه نیست؛ زیرا در صورتی که حرکت ما در جهت اهدافمان موجب کاهش کیفیت زندگی آنان شود، ذی‌نفعان عزیز (که حالا بهتر است آنها را ذی‌ضرر بنامیم!)، آگاهانه یا غیرتعمدی تمام تلاش خود را به کار می‌برند تا سهم عادلانه‌ای از زندگی نصیب آنان شود و این به معنای ایجاد مانع برای ما است. پس این وظیفه ما است که مطمئن شویم مسیری که انتخاب کرده‌ایم، منافع مشخصی برای ذی‌نفعان زندگی‌مان دارد؛ در غیر این صورت چرا او باید به خود زحمت همراهی با ما را بدهد؟ چرا فکر می‌کنیم هدفی که برای ما مهم و جذاب است، برای دیگران نیز هیجان‌انگیز خواهد بود؟!

برای روشن‌شدن این مطلب چند مثال را بررسی کنیم:

مورد اول: یکی از دوستان من، کاپیتان کشتی است و زمان‌های طولانی به سفرهای دریایی می‌رود و همسر و دو فرزندش را به‌ناچار تنها می‌گذارد. مشکل اینجاست که اهداف جاه‌طلبانه او، تضاد جدی با منافع همسرش دارد. راه‌حل هوشمندانه‌ای که بخش زیادی از مشکلات دوستم را حل کرد، این بود که او حق مأموریت‌های دلاری خود را به همسرش تقدیم می‌کند. به این ترتیب، منافع همسرش را به صورت مشخص با اهداف خود گره زده است.

البته همه چیز در زندگی مادیات نیست اما این راه‌حل را با گفت‌وگوی بسیاری از افراد در موارد مشابه مقایسه کنید: «من به خاطر شما از صبح تا شب کار می‌کنم. اصلا بلد نیستید تشکر کنید» و... .

مورد دوم: بیش از یک سال قبل تصمیم گرفتم هر روز ساعت ٤:٥٩ صبح بیدار شوم تا بتوانم وقت بیشتری را برای رشد فردی اختصاص دهم. برای

اینکه بتوانم به‌موقع برخیزم و در طول روز نیز انرژی کافی داشته باشم باید حدود ساعت ۱۱ می‌خوابیدم و این از دو جهت اعلام جنگ علیه همسرم بود؛ اول اینکه فرصت هم‌صحبتی ما کاهش می‌یافت و دوم اینکه ساعات بیشتری را باید به‌تنهایی از دخترمان مراقبت می‌کرد.

من چه کردم؟ اول اینکه سعی کردم اوقات باکیفیتی را با یکدیگر در سایر ساعات روز داشته باشیم تا اثر کاهش ساعات مشترک شبانه به حداقل برسد. دوم اینکه هر شب با دخترم، آوا به اتاق می‌رفتم و با ارائه زمانی جهت خلوت و تنهایی به همسرم، سعی کردم تهدید را به فرصت تبدیل کنم. سوم اینکه دقایقی از برنامه صبحم را به مرتب‌کردن و سایر کارهای تمام‌نشدنی خانه اختصاص دهم. به این ترتیب هر روز همسرم وقتی بیدار می‌شود احساس می‌کند یک فرشته، بخشی از کارهایش را انجام داده و او نیز روز خود را با انرژی بهتری آغاز می‌کند.

در این شرایط، طبیعی است اگر چند شب آوا با من به خواب نرود و مزاحم خلوت مادرش شود، مشکل زیادی ایجاد نخواهد شد؛ اما اگر من مانند گذشته خود، بدون توجه به منافع ذی‌نفعان فقط به هدفم توجه می‌کردم، دیری نمی‌پایید که مجبور به تعدیل یا فراموش‌کردن هدفم می‌شدم و مهم‌تر اینکه رابطه‌ام نیز تیره و تار شده بود.

در اینجا لازم است یادآوری کنم که قرار نیست در تعیین اهدافتان، علایق و نظرات دیگران را دخالت دهید. بدون شک، این آرزوها باید رؤیاهایی متعلق به شخص خودتان باشد؛ اما اگر قصد دارید به هدفتان دست یابید به نفع خودتان است که بررسی کنید که در این مسیر، فشار نامتوازنی به ذی‌نفعان وارد نشود و منافع آنان نیز تأمین شود. به این ترتیب نه‌تنها ظلمی به کسی نخواهد شد، بلکه از رشد شما منتفع نیز می‌شوند.

● فیلتر دوم: اشتیاق سوزان

یکی از معروف‌ترین روش‌های هدف‌گذاری، اسمارت[1] است که حاصل حروف اول کلمات مشخص[2]، قابل اندازه‌گیری[3]، قابل دستیابی[4]، واقع‌بینانه[5] و دارای زمان[6] است. بسیاری از دوره‌ها و کتاب‌های این حوزه نیز با محوریت این روش، مطالب را ارائه می‌دهند. در کنار نقاط قوتی که این رویکرد دارد، یک ضعف جدی دارد و آن‌هم اینکه گویا این اهداف برای یک روبات تنظیم می‌شوند. در آن همه چیز منطقی تصور شده و جایی برای هیجان و احساسات در نظر گرفته نشده است.

چرا شما باید برای هدفی که اسمارت است، ولی هیچ حسی نسبت به آن ندارید، انرژی صرف کنید؟ به عنوان مثال یک مشاور برای یک دانش‌آموز مطالعه روزانه یک فصل از کتاب را به عنوان هدف اسمارت مشخص می‌کند بدون اینکه ارتباط حسی شخص با هدف را در نظر بگیرد. طبیعی است که دانش‌آموز عزیز ما، هر کاری انجام می‌دهد تا در این هدف شکست بخورد. واقعیت این است که ما انسان‌ها بیش از آنچه تصور می‌کنیم موجوداتی احساساتی هستیم تا جایی که می‌توان گفت انسان‌ها احساسی تصمیم می‌گیرند و منطقی توجیه می‌کنند. آیا برایتان پیش آمده که لباسی را خریده باشید و وقتی دوستانتان به شما می‌گویند قیمت بالایی برای آن پرداخته‌اید، فهرست بلندی از مزایای این لباس ارائه می‌کنید تا تصمیمتان را درست جلوه دهید.

1-SMART
2-Specific
3-Measurable
4-Achievable
5-Realistic
6-Time Based

در هدف‌گذاری نیز باید این حقیقت را در نظر بگیریم که در تئوری ممکن است بتوان اهداف منطقی بی‌شماری را دنبال کرد، ولی فقط تعداد اندکی از آنها متناسب با علایق شما هستند. به همین دلیل دومین فیلتر، این موضوع را بررسی می‌کند که آیا شما با این آرزو درگیری احساسی دارید؟ آیا هنگام فکرکردن به آن، قلبتان تندتر می‌زند؟

یکی از مهم‌ترین موانع در مسیر موفقیت این است که پس از گذشت چند هفته، زندگی روزمره به اهداف غلبه می‌کند و افراد شور و شوق اولیه را از دست می‌دهند. در آن لحظات اگر علاقه شما به آن رؤیا، از درون باشد احتمال اینکه آن را کنار بگذارید کمتر است؛ مثلا تحلیل بازارهای مالی بین‌المللی یکی از علاقه‌مندی‌های قدیمی من است؛ به نحوی که حین انجام این کار، متوجه گذشت زمان نمی‌شوم. پس جای تعجب ندارد که پس از گذشت دو سال از تحلیل‌های مقدماتی، امسال یک شرکت در این حوزه تأسیس کردم و اکنون نیز در حال تبدیل‌شدن به کسب‌وکار اصلی من است. این در حالی است که اگر علاقه ذاتی وجود نداشت و صرفا به دلیل شنیدن جذابیت این بازار از زبان سایرین، قصد ورود به آن را داشتم، در این مدت دلایل کافی برای اهمال‌کاری و پشت گوش انداختن این پروژه وجود داشت.

◀ فیلتر سوم: جزیره

ما انسان‌ها موجوداتی اجتماعی هستیم و هزاران سال است نظر دیگران برایمان بسیار مهم بوده، به نحوی که همواره با بررسی شرایط سعی می‌کنیم مطمئن شویم آیا از نگاه آنها فرد قابل قبول و معقولی هستیم یا خیر. این موضوع برای اجداد ما امری حیاتی بوده؛ زیرا ادامه حیات آنها به نظر اطرافیان وابسته بوده است. افرادی که قوانین و ارزش‌های قبیله را نقض

می‌کردند، مجبور به ترک قبیله می‌شدند و یک فرد تنها، به‌زودی بر اثر گرسنگی یا حمله جانوران درنده با مرگ روبه‌رو می‌شد.

بنابراین افراد مستقل مدت‌ها پیش منقرض شده‌اند و ما نوادگان اجداد وابسته و دهان‌بین‌مان هستیم؛ اما مشکل اینجا است که همین ویژگی که موجب حفظ نسل بشر تاکنون شده، در دنیای فعلی بلای جان اوست و کاملا کیفیت زندگی‌ها را کاهش داده است. بسیاری از افراد رؤیاهای خود را دفن می‌کنند و طوری زندگی می‌کنند که از نگاه هم‌قبیله‌ای‌ها قابل قبول باشد. سال‌ها می‌گذرد و عمر بربادرفته دیگر برنخواهد گشت و انسان بیچاره در خم کوچه جلب نظر سایرین است.

کل صنعت مد بر اساس این غریزه استوار شده و بسیاری از اقدامات و تصمیمات ما صرفا برای خوشحال‌کردن دیگران یا خودنمایی‌کردن است. به همین دلیل از داشته‌های خود لذت نمی‌بریم و همواره بیشتر و بیشتر می‌خواهیم. در حالی که می‌توان هم‌زمان با تلاش برای حرکت روبه‌جلو و پیشرفت، از اکنون و اینجا بدون چشم‌داشتی به آینده بهره برد.

در این فیلتر می‌خواهیم سعی کنیم تا جای ممکن زندگی خودمان را زیست کنیم. کلید رسیدن به این مهم در پاسخ صادقانه به این سؤال نهفته است: **آیا اگر به‌تنهایی در یک جزیره بودید، باز هم این هدف برایتان مهم بود؟** من به اصرار پدرم در کنکور دکتری شرکت کردم و در دانشگاه تربیت مدرس پذیرفته شدم. از همان آغاز، می‌دانستم مسیر مطلوب من از دکتری نمی‌گذرد، اما صرف‌نظرکردن از لذت شنیدن عبارت «آقای دکتر» کار سختی بود. ترم دوم بود که یک روز خودم را به کناری کشیدم و در خلوت گفتم ببین علی جان! با خودت روراست باش. آیا تو می‌خواهی یک استاد دانشگاه باشی؟ با اطمینان جواب دادم نه! نه به این دلیل که استادی، انتخاب

بدی است. من همواره قدردان زحمات همه استادان عزیزم به‌خصوص پدرم هستم، بلکه روحیات من با این شغل همخوانی ندارد. سؤال دومی که از خودم پرسیدم این بود که آیا دکترشدن را دوست داری یا برای شنیدن آن عبارت لذت‌بخش آقای دکتر، می‌خواهی چهار سال از عمرت را تباه کنی؟ سؤال سختی بود، اما بعد از قدری کلنجاررفتن، قبول کردم که برای حرف مردم می‌خواهم دکتری بگیرم. آن روز آخرین روزی بود که من به دانشگاه رفتم.

● فیلتر چهارم: چالش

یکی از دلایلی که در بخش قبل از ۱۰ زاویه مختلف به آرزوهایمان نگاه کردیم، این بود که می‌خواستیم همه رؤیاهای کوچک و بزرگ را در فهرست بلند خود جای دهیم. اکنون وقت آن است که با کمک این فیلترها این لیست را محدود و کوچک نماییم. برخی رؤیاها، شما را به چالش نمی‌کشند و در صورتی که مسیر فعلی خود را ادامه دهید با کمی تلاش به آنها دست خواهید یافت. سؤالی که شما را در شناسایی و حذف این موارد یاری می‌کند این است:

آیا تلاش برای تحقق این هدف، من را از ناحیه امنم خارج می‌کند یا ادامه مسیر عادی من است؟

مثلا اینکه درآمد شما طی یک سال آتی ۳۰ درصد افزایش یابد، هدف چالش‌برانگیزی نخواهد بود و با کمی تلاش به آن دست خواهید یافت. پس یا باید درصد افزایش بیشتری را طلب کنید یا اساسا این هدف از لیست آرزوهای شما حذف می‌گردد.

● فیلتر پنجم: بزرگی

وجه تمایز اصلی افراد هدفمند نسبت به سایر افراد، دستاوردهای ظاهری نیست. بلکه بزرگ‌شدن و رشد درونی ایشان است. در صورتی که بخواهیم به بزرگی درونی دست یابیم، باید اهدافی را دنبال کنیم که ارزش نرسیدن را داشته باشند. به عنوان مثال زمانی که من تصمیم به تأسیس باشگاه رشد گرفتم، ویروس کرونا در همه‌جا پراکنده بود ازجمله در مغز من! ذهنم منفی‌بافی می‌کرد و سعی می‌کرد من را از اشتباه مصون دارد؛ مانند یک دوست به من توصیه می‌کرد صبر کنم تا وضعیت دنیا مشخص شود. از کجا معلوم که صنعت آموزش نابود نشود؟ از کجا معلوم که مردم باز هم برای آموزش و یادگیری حاضر به هزینه‌کردن باشند؟ و صدها اماواگر دیگر... از شما ممنونم که با خرید این کتاب، جواب دندان‌شکنی به مغز منفی‌باف من دادید.

جوابی که من به خودم دادم این بود که من در این مسیر، مقدار زیادی مطالعه خواهم کرد و یک تجربه نیز در حوزه کسب‌وکار به من افزوده می‌شود؛ حتی اگر به هر دلیلی خیال‌پردازی‌هایی که برای باشگاه رشد دارم محقق نشوند، در این مسیر حتما من انسان بزرگ‌تر و بهتری شده‌ام. زمانی که برایتان مسلم شود که یک رؤیا ارزش نرسیدن را نیز دارد و اتفاق اصلی در طی این مسیر رخ می‌دهد و نه لزوما در مقصد، حرکت شما با آرامش بیشتری همراه خواهد بود و از تمام فرایند لذت خواهید برد. سؤالاتی مانند این، به کار شما می‌آیند:

در این مسیر باید چه چیزهایی یاد بگیرم؟
چه عاداتی باید ساخته شوند؟
کدام‌یک از عادات فعلی را باید حذف کنم؟
چه ارتباطاتی باید ایجاد کنم؟

● فیلتر ششم: رؤیای بیدارکننده

همان‌طور که پیش‌تر گفته شد، ما انسان‌ها موجوداتی احساساتی هستیم و حیطه هدف‌گذاری نیز از همین قاعده تبعیت می‌کند؛ بنابراین اگر یک آرزو یا رؤیا بتواند هیجانات زیادی را در ما تولید کند، احتمال اینکه ما در جهت تحقق آن تلاش کنیم بیشتر خواهد بود. البته مشکل اصلی این است که در اکثر مواقع، این هیجانات زودگذر هستند و به مرور زمان، گرمی ما نیز به سردی می‌گراید و این همان نقطه تسلیم است.

آنچه ما در این فیلتر به دنبال آن هستیم، هیجان از این نوع نیست. بلکه منظور، پتانسیل بالای یک رؤیا برای بیدارکردن سایر رؤیاهایی است که سال‌ها به کناری گذاشته شده‌اند اما منتظر یک تلنگر هستند تا به بخش جدایی‌ناپذیر زندگی ما تبدیل شوند. اجازه دهید با یک مثال این مطلب را برایتان روشن کنم.

بخشی از رؤیاهای من، موارد کوچکی بودند که هیچ‌وقت فرصتی برای انجام آنها پیدا نمی‌کردم. همواره دوست داشتم زمانی داشته باشم تا با فراغ بال، کارهای زیر را انجام دهم:

- ✓ ورزش صبحگاهی
- ✓ شروع روز با مطالعه
- ✓ ذهن آگاهی
- ✓ مطالعه کتب قدیمی مانند گلستان سعدی
- ✓ شکرگزاری روزانه
- ✓ انجام بخشی از کارهای خانه
- ✓ مرور جزوه‌های قطور و تمام‌نشدنی کلاس‌های قبلی
- ✓ مطالعه زبان انگلیسی

- ✓ برنامه‌ریزی و تمرکز بر اهداف
- ✓ و... .

به‌محض اینکه من عادت سحرخیزی در ٤:٥٩ صبح را تثبیت کردم، گویا این رؤیاهای خفته که اعتمادبه‌نفس کافی برای آمدن به میدان زندگی را نداشتند، یکباره بیدار شدند و در بستر تنهایی و سکوت صبح، به اثرگذاری مثبت در زندگی من مشغول شدند. همین کلماتی که در حال خواندن آنها هستید، در ساعت ٥:٢١ صبح نوشته شده‌اند. به این ترتیب، سحرخیزی یک هدف ساده نبود زیرا با تحقق آن، رؤیاهای دیگری نیز امکان حیات یافتند و این چیزی است که ما رؤیای رقصنده می‌نامیم.

نوبت شماست

حالا وقت آن است که دست به کار شوید و با کمک شش فیلتر، لیست بلند آرزوهایتان را که در مرحله توفان فکری ایجاد شده، به تعداد محدودی کاهش دهید.

گام اول: آرزوهایی که شبیه هم هستند یا مواردی را که تحقق یکی، به معنای دستیابی به دیگری است به یک مورد تبدیل و لیست نهایی آرزوها را ایجاد کنید. البته در این مرحله اصراری برای کاهش تعداد رؤیاها نداشته باشید.

گام دوم: با توجه به اینکه هر آرزو چه مقدار معیار مربوطه را پوشش می‌دهد، از صفر تا ۱۰ به آن امتیاز دهید و مجموع امتیازات هر آرزو را در ستون نهایی یادداشت کنید.

گام سوم: حال یک تا سه هدف برگزیده را انتخاب کنید. ممکن است اتفاقا همگی از یک حوزه زندگی (مثلا روابط خانوادگی) یا از حوزه‌های مختلف زندگی (مثلا ثروت، خانواده و سلامت) باشند. در این مرحله باز هم با معیارهای فیلتر کننده آنها را می‌سنجیم تا مطمئن شویم از فیلترها با موفقیت عبور کرده‌اند.

نکته کنکوری: شاید لازم باشد بین گام دوم و سوم چند بار رفت و برگشت انجام دهید تا مطمئن شوید، آرزوی درستی را انتخاب کرده‌اید.

هدف‌گذاری ممنوع!

ردیف	1	2	3	4	5	6	7	8	9	10
میزان آمادگی										
نیاز به تلاش مستمر										
انرژی										
سلامتی										
تجربه										
میزان سهولت انجام										
موانع تحقق آن										
میزان آرزو										

الک کردن

ردیف	شرح آرزوی منتخب	حوزه زندگی	تأیید نهایی
۱			
۲			
۳			

فصل پنجم: مکتوب کردن

در این مرحله می‌خواهیم سه آرزوی مرحله قبل را به هدف تبدیل کنیم. به این منظور، لازم است هشت ویژگی زیر را به آرزوها اضافه کنید.

● ویژگی اول: زمان حال

اگر می‌خواهید احتمال دستیابی به اهدافتان بیشتر از قبل شود، خود را در حالی که به آن دست یافته‌اید تصور کنید و اهداف را در قالب جملاتی در زمان حال بیان کنید؛ به نحوی که گویا همین حالا به آن دست یافته‌اید؛ مثلا

«من تا پایان سال ۹۹ هر هفته یک کتاب خواهم خواند»

را به این جمله تغییر دهید:

«من هر هفته در حال خواندن و تمام‌کردن یک کتاب هستم».

● ویژگی دوم: بار مثبت

اگر می‌خواهید از شر چیزی در زندگی‌تان خلاص شوید، با فکرکردن دوباره به آن قدرت می‌بخشید و آن را به سوی خود فرا می‌خوانید. در هدف‌گذاری نیز بهتر است آنچه را می‌خواهید بیان کنید و نه آنچه را نمی‌خواهید؛ مثلا به‌جای

«من از شنبه غذای چرب و شیرین مصرف نمی‌کنم»

بگویید:

«من هر روز در حال مصرف غذای سالم و مغزی هستم».

● ویژگی سوم: شفافیت

اهدافتان را به‌گونه‌ای بیان کنید که اگر واقعا غول چراغ جادو به حضورتان شرفیاب شد، بتواند آن را برآورده کند. اهداف باید بدون ابهام و با حداکثر شفافیت نگاشته شوند تا تکلیف برای خودتان روشن باشد؛ بنابراین به‌جای

«می‌خواهم سال بعد درآمدم را افزایش دهم»

بگویید:

«درآمد من دو برابر شده و الان به ۱۰ میلیون تومان در ماه رسیده است».

● ویژگی چهارم: تعداد کلمات

تمریناتی مانند نوشتن انشا که در بخش‌های قبلی انجام دادید، اقداماتی عالی برای ایده‌پردازی است و به شما این اطمینان را می‌دهد که هیچ رؤیایی زیر غبار ذهنتان پنهان نشده باشد؛ اما در این مرحله باید بتوانید همه آن اهداف متعالی را در قالب کلمات معدودی بیان کنید؛ مثلا به‌جای:

«من همیشه آرزو داشتم پدر خوبی باشم و حالا که خداوند متعال آوا را به ما هدیه داده، وقت عمل به این آرزو فرا رسیده است. من باید وقت مناسب و با کیفیت برای او اختصاص دهم و تا جای ممکن رابطه بینمان را مستحکم کنم. در ضمن پدر خوب بودن امری غریزی نیست و من باید برای این موضوع آموزش ببینم. پس فکر می‌کنم مطالعه کتاب و شرکت در دوره‌های آموزشی ایده بدی نباشد و...».

بگویید:

«من هر روز پدر بهتری می‌شوم چون هر روز حداقل ۳۰ دقیقه با تمرکز کامل با آوا بازی می‌کنم و حداقل هر هفته یک بار، یک تجربه مشترک دو ساعته (پارک، باغ‌وحش، پیاده‌روی و...) داریم. در ضمن هر ماه یک کتاب با موضوع تربیت فرزند مطالعه می‌کنم».

البته از بین هشت ویژگی، این مورد کمترین اولویت را دارد؛ یعنی اگر برای اعمال سایر ویژگی‌ها مجبور شدید تعداد کلمات را افزایش دهید، این کار را انجام دهید. طبیعی است که افزودن هرکدام از این ویژگی‌ها در قالب تعدادی کلمه محقق می‌شود.

● ویژگی پنجم: هیجان

بیایید واقعبین باشیم! ما موجوداتی احساسی هستیم و بسیاری از تصمیمات خود را بر اساس حسی که در آن لحظه داریم می‌گیریم هرچند ممکن است در آینده پشیمان شویم. اهدافی که صرفا با نیمکره چپ مغز تنظیم شده باشند و از نظر علم هدف‌گذاری بسیار صحیح و اصولی باشند اما در شما درگیری احساسی ایجاد نکنند، محکوم به شکست هستند. هدف شما باید به نحوی بیان شود که شور و شوق را در شما شعله‌ور کند و بیانگر حس درونی شما در لحظه رسیدن به آرزویتان باشد. به عنوان نمونه به‌جای:

«من هر هفته در حال خواندن و تمام‌کردن یک کتاب هستم».

بگویید:

«سر تا پا غرق خوشحالی هستم که هر هفته با خواندن و تمام‌کردن یک کتاب، بزرگ و بزرگ‌تر می‌شوم».

● ویژگی ششم: شکرگزاری

زندگی با حس شکرگزاری، طعم دیگری پیدا می‌کند و شما را تبدیل به برادر، خواهر، همسر، شریک، کارمند، رئیس و البته بنده‌ی جذاب‌تری خواهد کرد. آیا شما حاضر هستید دارایی خود را در اختیار فردی با انرژی منفی قرار دهید؟ پس چطور انتظار دارید دیگران و ازجمله کائنات، ثروت مادی و معنوی خود را در اختیار فردی قرار دهد که همواره در حال گله‌کردن و بیان کاستی‌ها و کمبودها است؛ بنابراین اگر بخواهیم مثال قبل را تکمیل کنیم، به‌جای:

«سر تا پا غرق خوشحالی هستم که هر هفته با خواندن و تمام‌کردن یک کتاب، بزرگ و بزرگ‌تر می‌شوم»

بگویید:

«با تمام وجودم خدا را شکر می‌کنم که از اول فروردین ۹۹، در حوزه موفقیت و توسعه فردی مطالعه می‌کنم و سر تا پا غرق خوشحالی هستم که هر هفته با خواندن و تمام‌کردن یک کتاب، بزرگ و بزرگ‌تر می‌شوم».

ویژگی هفتم: موعد زمانی

غول چراغ جادو چقدر فرصت دارد تا امر شما را اطاعت کند؟ یک هفته، یک ماه، یک سال یا یک قرن؟! اگر بگویید هرچه زودتر بهتر، غول چراغ جادو آن را این‌گونه می‌شنود: چه ارباب خوبی! او خیلی هم عجله ندارد، پس بهتر است هرچه زودتر اوامر آن ارباب دیگر را اطاعت کنم، او خیلی پیگیر بود تا درست در زمان مقرر، دستورش اجرا شده باشد. فکر کنم شما دوست دارید در دسته ارباب دوم جای بگیرید. اگر این‌طور است حتما سررسید را در جملات بگنجانید، البته به نحوی که زمان جمله در لحظه حال باقی بماند. پس به‌جای:

«خرید یک خانه بزرگ و رؤیایی»

بگویید:

«چه احساس قدرتی به من دست می‌دهد وقتی می‌بینم این همه تلاشم به ثمر نشسته و یکی از خروجی‌های مادی آن یک خانه ٤٥٠ متری پنج خوابه در محله زعفرانیه است که اول اسفند ۹۹ آن را خریدم. خدا جونم ممنونم».

ویژگی هشتم: نوشتن با دست

شاید بگویید هفت ویژگی قبل را انجام می‌دهید، ولی این یکی منطقی به

نظر نمی‌رسد! ممکن است یک نفر دوست داشته باشد تایپ کند و دیگری بخواهد با خودکار بنویسد، این موضوع چه ربطی به فرایند هدف‌گذاری دارد؟

سال‌های گذشته، من نیز به همین دلیل اهدافم را در لپ‌تاپ ذخیره می‌کردم تا اینکه تحقیقی را مطالعه کردم که در آن به طرزی باورنکردنی اثبات شده که وقتی خودتان با قلم و کاغذ مطلبی را می‌نویسید، در مغزتان تعداد نورون‌های بیشتری فعال و درگیر فرایند می‌شوند؛ بنابراین توصیه من به شما این است که حتما اهدافتان را روی کاغذ بنویسید.

فصل ششم:
پایش اهداف

پایش اهداف

● گام اول: انتخاب اهداف این فصل

اگر گام به گام با من جلو آمده باشید، حالا باید یک الی سه هدف مکتوب و مشخص داشته باشید. از آنجا که افق زمانی این اهداف می‌تواند متفاوت باشد و اصولا برقراری ارتباط با زمان‌های دور، کار دشواری است، بهتر است یک افق زمانی مشخص را انتخاب کرده و اهدافمان را برای آن زمان تنظیم کنیم. ما در اینجا اهداف سه‌ماهه را پیشنهاد می‌کنیم، ولی شما باید افق زمانی را انتخاب کنید که با آن ارتباط بهتری برقرار می‌کنید.

فرض کنید اهداف مکتوب من این موارد باشند:

✓ نوشتن سه جلد کتاب طی یک سال آتی

✓ آموزش به هزار نفر طی یک سال آتی از طریق دوره‌های حضوری و مجازی

حالا باید این اهداف را برای سه ماه آتی، مثلا فصل پاییز تعیین کنم؛ به عبارت دیگر، برای دستیابی به این اهداف تا یک سال دیگر، در این سه ماه باید چقدر از آن را انجام داده باشم؟ این رویکرد به ما کمک می‌کند در زمان زودتری بازخورد بگیریم و در صورت نیاز، اصلاحات لازم را در نحوه اجرای اقدامات اعمال کنیم.

فرض کنید اهداف من برای این فصل موارد زیر باشند:

✓ چاپ یک کتاب

✓ آموزش مهارت‌های ارتباطی به ۲۰۰ نفر

● گام دوم: فهرست اقدامات

تا همین مرحله، شما جزء معدود افراد روی کره زمین هستید که اهداف مکتوب و مشخصی دارند و می‌دانند در پی چه هستند. پس به شما تبریک

می‌گویم! اما نمی‌خواهم به شما دروغ بگویم و ادعا کنم از این لحظه به بعد همه کائنات دست به دست هم خواهند داد تا شما را به اهدافتان برسانند. اتفاقا سختی‌ها از این لحظه نمایان می‌شوند و حالا که قصد حرکت دارید، سنگ‌های ریز و درشت بر سر راهتان قرار می‌گیرند.

آنچه سرنوشت شما را تعیین می‌کند، مشخصا اقداماتی است که از این لحظه انجام می‌دهید؛ بنابراین لازم است به صورت دقیق، همه کارهایی را مشخص کنید که باید طی یک ماه، یک هفته و یک روز بعد انجام دهید تا در پایان این فصل به هدفتان دست یابید.

تصمیم‌های هیجانی و کارهایی که یکباره انجام می‌دهید تأثیر ناچیزی بر موفقیت شما دارند و آنچه پیروزی یا شکست شما را رقم می‌زند، اقدامات ساده و روزمره شماست. شما باید به دنبال انجام کارهای عادی و آسانی باشید که بتوانید آنها را به مدت ۳۶۵ روز ادامه دهید. اجازه بدهید جادوی اثر مرکب به نفع شما کار کند. همواره از خودتان بپرسید در این فصل باید چه مهارت جدیدی یاد بگیرم تا بتوانم مرزهای خودم را پشت سر بگذارم؟ باید چه ارتباطات جدیدی بسازم؟ باید با چه افرادی آشنا شوم؟ باید با کدام ترس خود روبه‌رو شوم؟ مهم‌ترین کار فردای من چیست؟ اگر قرار باشد یک کار انجام دهم کدام خواهد بود؟

◆ مدیریت ذهن

تا زمانی که بحث بر سر تنظیم سه هدف برای سه ماه آتی باشد، مدیریت آنها کار سختی نیست، اما وقتی وارد زندگی روزمره می‌شوید، باید علاوه بر اقداماتی که در جهت اهدافتان انجام می‌دهید حواستان به همه مسئولیت‌های کوچک و بزرگ زندگی باشد. مجموعه کارهای یک روز عادی که همواره در ذهن شما رژه می‌روند چیزی شبیه این است:

- امشب وقت دکتر دارم
- فردا چک دارم، اصلا یادم نبود، باید بروم بانک
- مشق‌های کلاس زبان را هنوز تحویل نداده‌ام
- این کارمندم چقدر دیر کارهایش را تحویل می‌دهد
- برای تولد همسرم چه چیزی بخرم؟
- به نظرم اگر برای وب‌سایتم یک صفحه فروشگاه محصولات بسازم ایده خوبی است
- یادم نرود سبزی‌خوردن بخرم
- ای‌وای! گزارش هیئت‌مدیره را هنوز تحویل نداده‌ام
- و....

احتمالا مغز شما نیز بیش از حد شلوغ است و مثل یک بزرگراه مملو از ماشین است که ورود ایده‌های جدید به آن دشوار است. برای درک کامل مشکل و ارائه راه‌حل متناسب با آن، بهتر است کمی با ساختار مغز آشنا شوید.

با شنیدن، بوکردن، لمس، چشیدن و دیدن، اطلاعات از طریق حواس پنج‌گانه وارد جایی به نام حافظه حسی می‌شوند. چشمان شما مانند یک دوربین بسیار با کیفیت حدود ۱۸ ساعت در روز بی‌وقفه در حال تصویربرداری از دنیای پیرامون است. این حجم زیاد اطلاعات کجا ذخیره می‌شود؟ پاسخ این است که در واقع ذخیره نمی‌شوند و به صورت پیش‌فرض، داده‌های بسیار زیادی که وارد حافظه حسی می‌شوند حداکثر ظرف مدت سه ثانیه حذف می‌شوند. به همین دلیل جای کلید و عینک را به خاطر نمی‌آوریم. اگر بخواهید یکی از این اطلاعات وارد سطل زباله مغز نشود، باید به آن توجه کنید. به‌محض توجه‌کردن به یکی از این میلیون‌ها داده، مجوز ورود

به حافظه کوتاه‌مدت برای ایشان صادر می‌شود؛ اما مشکل هنوز حل نشده و در این مرحله دو محدودیت جدی وجود دارد.

اول اینکه ظرفیت حافظه کوتاه‌مدت بسیار پایین است و بین سه تا هفت بسته اطلاعاتی در آن جای می‌گیرد و تنها راه ورود اطلاعات به مرحله بعد، عبور از این گلوگاه است؛ بنابراین در صورتی که حافظه کوتاه‌مدت فضای خالی نداشته باشد، بررسی اطلاعات جدید مختل خواهد شد. به همین دلیل در کلاس‌ها و سمینارها از شرکت‌کنندگان خواهش می‌کنم سؤالاتشان را روی کاغذ بنویسند. در غیر این صورت، تمام مدت در حال تلاش برای جلوگیری از فراموش‌کردن سؤالشان هستند و هیچ‌کدام از مطالب ارائه‌شده امکان عبور از حافظه کوتاه‌مدت و ورود به حافظه بلندمدت را نخواهد داشت.

دوم اینکه با گذشت ۱۵ ثانیه، همین حجم کم داده نیز نابود خواهد شد و دسترسی به آن ممکن نخواهد بود. حتما برای شما هم پیش آمده که نام یک خیابان یا یک شماره تلفن را تنها چند ثانیه پس از شنیدن، از یاد برده‌اید. شاید برایتان جالب باشد که به همین دلیل شماره‌های تلفن را حداکثر هفت یا هشت عدد در نظر می‌گیرند.

نهایتا در صورت یادگیری با تمرکز، اطلاعات وارد فضایی بدون محدودیت حجم می‌شوند و همیشه در حافظه بلندمدت نگهداری خواهند شد.

ردیف	نوع حافظه	ظرفیت	ماندگاری اطلاعات
۱	حسی	بی‌نهایت	۳ ثانیه
۲	کوتاه‌مدت	محدود	۱۵ ثانیه
۳	بلند مدت	بی‌نهایت	دائمی

فرض کنید مغز شما به صورت خودکار مدیریت اطلاعات ورودی را انجام نمی‌داد و شما باید مثل کارتابل امور اداری شرکتتان، این اطلاعات را یکی‌یکی بررسی کرده و در صورتی که به نظرتان اهمیت نداشتند آنها را حذف و صرفا موارد مهم را بایگانی می‌کردید. در این صورت مغزتان از کار می‌افتاد و در اولین ثانیه‌های عمر شریفتان، کارتابلی پر از نامه داشتید که هیچ‌وقت امکان بررسی آنها را نداشتید؛ اما مغز شما بدون هیچ منتی میلیون‌ها داده ورودی را به سرعت حذف می‌کند و به تعداد اندکی اجازه اشغال فضای محدود حافظه کوتاه‌مدت را می‌دهد. در این مرحله نیز جهت اینکه امکان حضور در این فضای کوچک برای سایر اطلاعات مهم فراهم شود، هر ۱۵ ثانیه یک بار حافظه کوتاه‌مدت را پاکسازی می‌کند.

حال که با انواع حافظه آشنا شدید، پذیرش این موضوع راحت‌تر است که باید هر کاری از دستتان برمی‌آید انجام دهید تا از بایگانی شدن اطلاعات مهم موجود در حافظه حسی و کوتاه‌مدت، اطمینان یابید. یکی از ابزارهایی که در جلوگیری از شلوغی بی‌مورد ذهن کمک بسیاری به من کرده، اپلیکیشن رایگان «مایکروسافت تو دو»[7] است که نسخه تلفن همراه و لپ‌تاپ دارد. به عنوان نمونه برای سه شرکت سیوان، باشگاه رشد و AYA Group، سه لیست جداگانه دارم. به‌محض اینکه پیگیری کار هریک به ذهنم برسد آن مورد را در لیست مربوطه وارد می‌کنم. اگر ایده‌ای به ذهنم برسد آن را جداگانه در لیست ایده‌ها وارد می‌کنم و امور روزمره و خریدها را نیز در یک لیست مخصوص به خودشان اضافه می‌نمایم. برای هر پروژه مانند نوشتن همین کتاب یک فایل جداگانه دارم و به این ترتیب، همه ایده‌ها و افکارم منسجم هستند و هر وقت اراده می‌کنم روی یکی از

---

7 Microsoft To Do

این موارد، تمرکز کنم دیدن مشق‌ها و اقدامات آن در این نرم‌افزار، بسیار کمک‌کننده است.

بنابراین در گام دوم، باید فهرست اقداماتی که در جهت اهداف سه ماه آتی انجام می‌دهید تهیه و به‌روزرسانی کنید و در این مسیر می‌توانید از «مایکروسافت تو دو» استفاده کنید.

◀ گام سوم: ارزیابی

پس از تعیین فهرست اقدامات چه در نرم‌افزار و چه در سالنامه، باید در پایان هر روز خودارزیابی انجام دهید. مطمئن باشید اگر کاری برای موفقیت خود انجام ندهید، هیچ‌کس برای شما دل نخواهد سوزاند. پس مانند یک حسابرس قسم‌خورده، در پی کشف ایرادهای خود و رفع نواقص باشید. اگر قرار بوده هر روز ۳۰ دقیقه ورزش کنید چرا از هفت روز هفته، فقط یک روز این برنامه را اجرا کرده‌اید؟ باید چه چیزی را تغییر دهید تا بتوانید هدفتان را محقق کنید؟ یادتان باشد به‌زودی این فصل جای خود را به فصل بعدی می‌دهد و به سرعت به اسفندماه می‌رسیم. دوست دارید وقتی به سالی که گذشت می‌نگرید، حس یک برنده را داشته باشید یا احساس یک بازنده؟

اگر هنوز احساس می‌کنید ابزار کافی برای جهش به سمت موفقیت در جعبه‌ابزارتان وجود ندارد، حق با شماست. در این فصل اصول کار را با شما در میان گذاشتم و برای داشتن یک کلید بسیار کارآمد که شما را به هر آنچه می‌خواهید می‌رساند باید کمی صبور باشید و به مطالعه ادامه دهید.

◄ گام چهارم: همراه موفقیت

برخلاف گیاهان که در شرایط آب‌وهوایی مساعد رشد می‌کنند، رشد ما انسان‌ها نیاز به مراقبت و نظارت زیادی دارد؛ زیرا ممکن است دست به خودفریبی بزنیم. طبیعی است که شما وقتی برای موفقیت خود تلاش نمی‌کنید یا پس از صرف اندکی انرژی ناامید شده و دست از تلاش برمی‌دارید، اگر محیط و شرایط را مقصر بدانید موقتا احساس بهتری خواهید داشت. آیا این جملات برای شما آشنا هستند؟

✓ این همه کشور در دنیا وجود دارد، چرا من باید در ایران به دنیا بیایم؟

✓ اگر پدر و مادرم به فکر بودند و من را از هفت‌سالگی به کلاس آموزش زبان انگلیسی و فرانسه می‌فرستادند، الان بسیار موفق بودم.

✓ اگر من فقط پنج سال زودتر به دنیا آمده بودم و کارم را در شرایط بهتری شروع کرده بودم تا حالا بار خودم را بسته بودم.

✓ اگر پدر یا پدرزن پول‌داری داشتم نیازی به این همه تقلا نداشتم.

✓ اگر دلار هزار تومان بود، الان می‌توانستم کسب‌وکارم را رشد دهم.

✓ اگر مجرد بودم از تمام انرژی و وقتی که دارم استفاده می‌کردم اما با داشتن دو فرزند من امکان پیشرفت ندارم.

شاید شما به فکر رفته‌اید و در حال مرور جملات مشابهی هستید که آن‌قدر آنها را با خود تکرار کرده‌اید که به باور محکمی تبدیل شده‌اند. لطفا دقت کنید که اصلا بحث بر سر درستی یا نادرستی این باورها نیست. ممکن است بسیاری از این جملات منعکس‌کننده تمام یا بخشی از حقایق زندگی شما باشند؛ اما انتخاب شما چیست؟ می‌خواهید تا پایان عمر نقش یک فرد مغلوب و شکست‌خورده را بازی کنید یا یک بار در زندگی، ضمن پذیرش شرایط زندگی‌تان و کنارآمدن با آن، علیه این شرایط، اقدام کنید.

در این مسیر، وجود یک یار و همراه کمک زیادی به شما خواهد کرد. این فرد می‌تواند همسر، دوست یا شریک کاری شما باشد. به عنوان مثال هر هفته جمعه ساعت ۱۸ یک تماس تلفنی ۳۰دقیقه‌ای اهداف این هفته را مرور کنید و به یکدیگر اجازه ندهید دست به خودفریبی بزنید. فضای این جلسات باید کاملا شفاف و بی‌پرده باشد به نحوی که هیچ عذر و بهانه‌ای پذیرفته نشود و در صورت عدم تحقق اهدافتان، باید برنامه جبرانی در نظر گرفته شود.

سال‌های قبل بسیار به دنبال این بودم که فردی را به عنوان همراه موفقیت بیابم تا بتوانم با سرعت بیشتری به اهدافم دست بیابم. از محضر استادان بسیاری بهره بردم، اما این جلسات دقیقا همان خدماتی که می‌خواستم نبود. به همین دلیل خدمتی به نام طرح هم نورد را در باشگاه رشد راه‌اندازی کردیم تا بتوانیم پاسخگوی این نیاز شما عزیزان باشیم. در این طرح برخلاف جلسات کوچینگ، هم‌نورد شما نقشی فعال دارد و به عنوان فردی که شاید چند قدم از شما جلوتر باشد، شما را تا رسیدن به نوک قله موفقیت همراهی می‌کند.

اگر علاقه‌مند هستید تا در این راه، همراهتان باشیم می‌توانید از طریق نشانی زیر درخواست خود را وارد کنید تا طی یک مصاحبه رایگان، مشخص شود آیا خدمات ما نیاز شما را برآورده می‌کند یا خیر.

https://bashgaheroshd.com/hamnavard

◄ گام پنجم: تصویرسازی ذهنی

هر دستاوردی دو بار خلق می‌شود، یک بار در ذهن خالق آن و یک بار در دنیای بیرون؛ بنابراین باید خلق را آغاز کنید. حداقل هفته‌ای یک بار خود را در حالی تصور کنید که به هدفتان دست یافته‌اید. فیلم آن لحظات را از چشم خود ببینید و همه حواس پنج‌گانه را درگیر کنید.

اما یک لحظه صبر کنید! هر چند تصویرسازی، تجسم و تلقین جملات مثبت، یکی از روش‌هایی است که همه استادان این رشته به آن تأکید می‌کنند، در سال ۲۰۰۹ تحقیق جامعی[۸] انجام شد که میزان تأثیر این رویکرد را زیر سؤال می‌برد. بر این اساس، اگر شخصی عزت‌نفس پایینی داشته باشد، با تکرار جملات و تلقین مثبت، اوضاع بدتر می‌شود؛ زیرا باور ندارد که انسان ارزشمندی است و علی‌رغم تقلا برای جایگزینی باورهای محدودکننده قبلی با جملاتی سازنده، ذهنش این عبارات تأکیدی را دروغ می‌پندارد و احساس بدتری به این فرد القا می‌شود؛ مثلا فرض کنید شخصی با عزت‌نفس پایین، می‌خواهد روز خود را با تکرار این جملات آغاز کند. در ادامه آنچه او می‌گوید و آنچه در پاسخ از ذهنش می‌شنود آورده شده است.

8-**Wood, J. V,** Perunovic, W. Q. E, & Lee, J. (2009). Positive thinking: Power for some, peril for others. *Psychological Science,* 20, 860-866.

تلقین	پاسخ ذهن
من دوست‌داشتنی هستم	هاهاها! برای همین است که همه برای دوست‌شدن با تو صف بسته‌اند!
من شخصی ارزشمند و خوب هستم	تو نالایق و بی‌ارزش هستی
من مصمم و موفق هستم	برای یافتن فردی بدبخت‌تر از تو باید جایزه تعیین کنیم؛ وگرنه به این راحتی پیدا نمی‌شود.
من در حال رسیدن به اهدافم هستم	منظورت همین پرایدی است که با وام خریده‌ای؟!

به همین دلیل به نظر می‌رسد باید به گام پنجم با بدبینی و وسواس نگاه کرد. یادتان باشد اگر عده زیادی به صحت یک روش باور داشته باشند، لزوماً به معنای درستی آن نیست. همه انسان‌ها به مدت هزاران سال معتقد بودند زمین مرکز عالم است و همه انسان‌ها نیز در اشتباه بودند. البته در این کتاب، بنا نداریم تصویرسازی ذهنی را زیر سؤال ببریم، اما لازم است با احتیاط از آن استفاده شود.

توصیه‌های ایمنی

● زندگی تک‌بعدی

سؤالی که شاید به ذهن شما نیز رسیده باشد این است که با محدودکردن اهداف به یک الی سه مورد، چطور از تک‌بعدی شدن زندگی جلوگیری کنم؟ پاسخ به این سؤال دو بخش دارد. بخش اول اینکه اساساً چرا باید تعداد اهداف را محدود کرد؟ بخش دوم چگونه از سایر حوزه‌های زندگی نیز مراقبت کنیم.

بخش اول: اگر تعداد زیادی هدف داشته باشید، به هیچ‌کدام از آنها نخواهید رسید. در هر لحظه خودتان را در معرض تعداد زیادی کار انجام نشده می‌یابید و واکنش طبیعی مغزتان این خواهد بود که دستور توقف حرکت را صادر کند. تصور می‌کنم شما نیز داشتن اهداف معدودی را که محقق شوند به اهداف بی‌شماری که هیچ‌وقت به سمتشان حرکت نکنید، ترجیح می‌دهید.

بخش دوم: همان‌طور که در فصل ارزش‌ها گفته شد، تفاوت ارزش و هدف این است که هدف مربوط به آینده است و ممکن است علی‌رغم همه تلاشی که مبذول می‌دارید، به آن دست نیابید؛ اما ارزش راهنمای اعمال روزمره ما و دقیقا برای همین امروز است و در صورت نقض ارزش‌ها، هیچ توجیهی قابل پذیرش نیست.

بنابراین اگر خانواده جزء ارزش‌های اصلی من است و دو هدف فوق، اهداف سه ماه آتی من باشند، هر زمان که بین اهداف و ارزش‌هایم تضادی ایجاد شود واضح است که باید ارزش را در اولویت قرار دهم. به عنوان مثال برای اینکه به هدف چاپ کتاب در آذرماه ۱۳۹۹ دست یابم باید هر روز مطابق برنامه، به نوشتن ادامه دهم. طی هفته گذشته احساس کردم همسرم نیاز دارد زمان بیشتری در کنار او باشم. به‌راحتی همه اهدافم را موقتا فراموش کردم و از اینکه همین امروز، در حال زندگی‌کردن در کنار ارزش‌هایم هستم لذت بردم.

آیا من به همسرم لطف کردم؟ حتما او از این کار من خوشحال شده، ولی اطمینان دارم شادی درونی من بسیار بیشتر از او است. چه چیزی لذت‌بخش‌تر از اینکه هیچ عامل بیرونی نمی‌تواند شما را از آنچه زندگی درست می‌دانید منحرف کند؟

بنابراین انتخاب تعداد محدودی هدف در هر فصل، مانع توجه ما به سایر ابعاد زندگی به‌خصوص ارزش‌هایمان نیست.

◄ موشک کروز نباشید

یکی از معایب هدف‌گذاری این است که ممکن است صبر شما را در مواجهه با اتفاقات غیرمترقبه کاهش دهد. گویا کائنات متوجه نیست که شما هدفی را تعیین کرده‌اید و موظف است تمام حوادث خود را با این اهداف هم‌راستا کند. دریغ از اندکی همراهی! گویا ابر و باد و مه و خورشید و فلک دست به دست یکدیگر می‌دهند تا شما را از دستیابی به اهدافتان منصرف نمایند.

در عین حال که ثبات قدم در این مسیر اهمیت بسیاری دارد، لازم است با چشمانی باز، فرصت‌های جدید را نیز دریابید. داستان سرندی‌پیتی را یادتان هست؟ در زمان شکل‌گیری این فرصت‌ها، اگر بدون توجه به شرایط جدید صرفا بخواهید به اهدافتان دست یابید، ممکن است اساسا متوجه این پتانسیل‌ها نشوید؛ مانند کودکی نباشید که با گریه و زاری، یک اسباب‌بازی را می‌خواهد در حالی که کادوی بهتری انتظار او را می‌کشد.

ای‌کاش می‌توانستم بگویم هر زمان که از اهداف منحرف می‌شوید، کادوی بهتری در انتظارتان است. متأسفم که اعلام کنم برخی اوقات هم نه‌تنها جایزه‌ای در کار نیست، بلکه یک مجازات هم در راه است. برخی استادان این موانع و سختی‌ها را نیز هدایایی در قالبی جدید می‌دانند، اما من این‌گونه فکر نمی‌کنم. آیا دنیا به ما تعهد داده که در قرعه‌کشی زندگی، همیشه موفقیت نصیب ما شود؟

زندگی بیشتر از آنکه شبیه شرکت در قرعه‌کشی و خرید بلیت بخت‌آزمایی باشد، مانند بازی مارپله است؛ بنابراین نیش مار بخشی از بازی است و اگر

شما انتظار دیگری دارید، این بازی شما را آزار خواهد داد. پیشنهاد من پذیرش این واقعیات و شناکردن به همراه جریان آب زندگی است. برخی مواقع لازم است با تمام قوا برخلاف جریان آب شنا کنید و گاهی نیز باید رها باشید. خود را بر روی امواج سهمگین رها کنید، سعی نکنید آن را شکست دهید. شاید مدتی بعد و با فروکش‌کردن امواج، بتوانید به سمت ساحل مطلوبتان شنا کنید. شاید مجبور به تغییر جهت و پذیرش شرایط جدیدی شوید؛ بنابراین در عین هدفمندی و سرسختی، انعطاف‌پذیر باشید.

چرا هدف‌گذاری کنیم؟

شاید این سؤال به ذهنتان برسد که اگر قرار است سرنوشت خود را به دست امواج زندگی بسپاریم، اصلا چرا هدف‌گذاری کنیم؟ پاسخ این سؤال دو بخش دارد:

اول: قرار نیست کلا اهدافتان را فراموش کنید و خود را به دست باد بسپارید، بلکه باید مانند یک موج‌سوار حرفه‌ای، از رسیدن هر موج استقبال کنید. نه اینکه بنشینید و ماتم بگیرید و کل عمر خود را صرف انتظار دریای بدون موج کنید.

دوم: هدف اصلی شما از هدف‌گذاری باید ارتقای مهارت‌ها و شخصیتتان باشد تا با ایجاد فرصت‌های جدید، بتوانید بیشترین استفاده را از آن ببرید. گویا در زمان موج‌سواری، هم‌زمان و ناخودآگاه مهارت شناکردن و غواصی خود را نیز ارتقا داده‌اید. ناگهان صخره‌های مرجانی زیبایی زیر پایتان ظاهر می‌شود و مشغول غواصی زیر دریا می‌شوید. هدف شما موج‌سواری روی آب بوده، ولی الان خود را در حال غواصی در اعماق دریا می‌یابید. آیا فردی می‌تواند بگوید چون به آن هدف نرسیدید ناموفق هستید؟ و آیا می‌توان منکر نقش هدف قبلی در موفقیت کنونی شوید؟

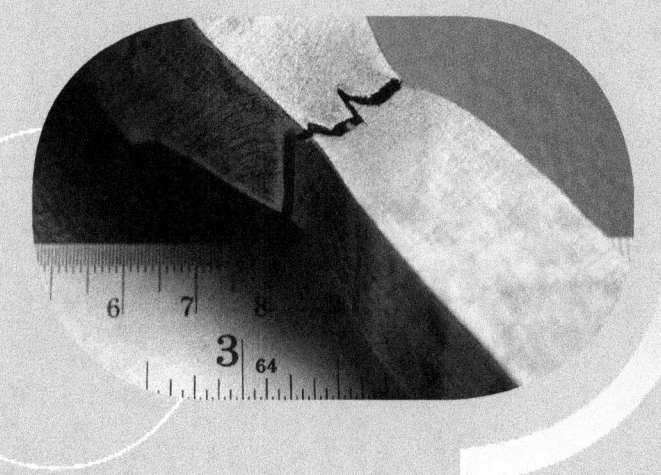

فصل هفتم:
دلایل شکست

شاید شما هم مانند من، تمام یا بخشی از مراحل قبل را انجام داده‌اید، اما به نتیجه دلخواه نرسیده باشید. مهم‌ترین دلایل عدم موفقیت در هفت بخش بررسی شده‌اند.

◀ دلیل اول: تعریف قدم‌های بزرگ

بسیاری از افراد می‌خواهند ضعف‌ها و کمبودهای خود را در زمان کوتاه و با تعریف اهداف و گام‌های بزرگ، جبران کنند. صد حیف که ۲۰ کیلوگرم اضافه‌وزن ناشی از عادات اشتباه تغذیه و بی‌تحرکی، از فردا با دو ساعت ورزش روزانه قابل اصلاح نخواهد بود. ممکن است چند صباحی هم این تغییر جذاب باشد و به آن عمل کنید، ولی قطعا به‌زودی به سبک زندگی قبلی بازمی‌گردید.

اگر به همین ترتیب به مطالعه کتاب ادامه دهید، روشی جهت غلبه بر این وسوسه آموزش داده می‌شود که کاملا شما را از این اشتباه رها خواهد کرد. در ادامه پس از اینکه با نحوه کارکرد مغز آشنا شدید، خواهید دید که بدترین کار ممکن، تعریف گام‌های بزرگ است.

◀ دلیل دوم: تکیه بر انگیزه

شاید نیاز به استدلال نباشد که برای اقدام، نیاز به انگیزه دارید. در غیر این صورت چگونه ممکن است زحمت حرکت را بر خود هموار کنید و از لذت سکون و بی‌تحرکی دل بکنید؟ در فصول بعدی خواهید دید که نیاز به انگیزه یک دروغ بزرگ است. شما باید به روشی مسلح شوید که بدون داشتن انگیزه، باز هم کار درست را انجام دهید. بدیهی است که اگر انگیزه بالایی داشته باشید، کار بهتر انجام می‌شود و راحت‌تر به اهدافتان دست می‌یابید؛ اما در بسیاری مواقع این شانس را ندارید. سؤال اینجا است که هر

وقت انگیزه ندارید، می‌خواهید متوقف شوید و تا زمانی که هیجان اقدام، در شما ایجاد شود صبر خواهید کرد؟

همیشه از تمرین کردن متنفر بودم، ولی هر روز این کار را تکرار می‌کردم.
محمدعلی کلی

وقتی این جمله و جملات مشابه این را از قهرمانان و افراد موفق خواندم، فهمیدم مسیر موفقیت، مسیر پرفرازونشیبی است که به‌ندرت با لذت همراه است و بخش اصلی این راه، با خون و عرق آمیخته است. پس اتکا به هیجانات زودگذر استراتژی مناسبی به نظر نمی‌رسد.

◄ دلیل سوم: تکیه بر استعداد

یکی دیگر از دام‌هایی که ممکن است در آن بیفتید، این است که پس از اینکه اندکی تلاش کردید و طبیعتا به نتایج ملموسی دست نیافتید، دست از تلاش برداشته و عدم پیشرفت را به‌منزله نداشتن استعداد تلقی کنید و این در حالی است که بسیاری از مهارت‌های فعلی خود را مدیون استمرار و ناامید نشدن هستید. یادتان هست چند بار از دوچرخه به زمین افتادید تا بالاخره موفق به حفظ تعادل شدید؟ اگر بنا بر ناامیدی داشتید، فکر

می‌کنید هیچ‌وقت لذت دوچرخه‌سواری نصیبتان می‌شد؟ یا کودکی را در نظر بگیرید که بارها و بارها به زمین می‌افتد تا نهایتا موفق می‌شود بدون کمک دیگران راه برود.

ممکن است سرعت یادگیری افراد با یکدیگر متفاوت باشد اما هیچ‌کس حق ندارد به این بهانه که من اهل کامپیوتر نیستم و استعداد آن را ندارم، به رشد خود پشت کند. شنیدن این جمله همان‌قدر عجیب است که یک نفر بگوید من استعداد راه‌رفتن ندارم پس باید رسیدن به آن را فراموش کنم.

برخی افراد با استناد به بهره هوشی استدلال می‌کنند که نباید در برخی حوزه‌ها تلاش کنند. جالب است بدانید آقای آلفرد بینه، مبدع تست هوش و مقیاس‌های مربوط به آن، از برداشت‌های تنگ‌نظرانه و صلب از این موضوع، شکایت داشته و بارها تأکید کرده که بهره هوشی امری ثابت نیست و در طول زمان تغییر می‌کند. لذا تکیه به یک عدد، برای تعیین سرنوشت افراد راه هوشمندانه‌ای به نظر نمی‌رسد.

مدل فکری ایستا و رشد

از یک منظر می‌توان افراد را به دو گروه کلی تقسیم کرد؛ افراد دارای مدل فکری ایستا و افراد دارای مدل فکری رشد. برای روش شدن تفاوت این دو دسته، نگاه آنها را به چهار موضوع بررسی می‌کنیم.

اول: استعداد

افرادی که تفکر ایستا دارند، معتقدند استعداد مقوله‌ای ذاتی است و لذا در هر مورد یا به صورت ذاتی توانایی انجام آن را دارید یا تلاش در آن زمینه بی‌فایده خواهد بود. در مقابل، افراد دارای تفکر رشد هستند که معتقدند اگر برای یادگیری هر موضوعی، وقت و انرژی کافی صرف کنید می‌توانید در آن به موفقیت دست یابید. البته اگر می‌خواهید زودتر به موفقیت برسید

بهتر است بر روی زمینه‌هایی که علاقه و زمینه آن را دارید متمرکز شوید.

دوم: حوزه تمرکز

افراد دارای مدل فکری ایستا، همه تمرکز خود را معطوف به نتیجه می‌کنند. از نظر آنها هر کاری که به نتیجه نرسد، شکست محسوب می‌شود و باید برای آن سوگواری کرد. به همین دلیل این اشخاص در صورتی که هدفی را برای خود تعیین کنند، زندگی را به کام خود، همکاران و خانواده تلخ خواهند کرد.

اشخاصی که دارای مدل فکری رشد هستند، در عین هدف‌گذاری، از مسیر و فرایند رو به رشد بودن نیز لذت می‌برند. به عنوان مثال اگر هر دو نفر بخواهند به مسافرت بروند و ناگهان بارندگی برنامه آنها را اندکی جابه‌جا کند، فرد ایستا اوقات‌تلخی می‌کند؛ اما فرد اهل رشد، از خود می‌پرسد آیا هدف اصلی ما از مسافرت چیزی به‌جز لذت بردن و دور هم بودن است؟ لذا در همین شرایط نیز با خانواده و اطرافیان خوش می‌گذراند و از مسیر لذت می‌برد.

سوم: کلام

افراد دارای مدل ذهنی ایستا اغلب از عباراتی مانند «من این‌کاره نیستم» و «این کار در خون من نیست» استفاده می‌کنند در حالی که افراد اهل رشد، تلاش می‌کنند و حتی زمانی که به نتیجه مطلوب نمی‌رسند، می‌گویند «هنوز نه؛ هنوز مسیر عصبی این کار در ذهنم تشکیل نشده» و به تلاش خود ادامه می‌دهند.

چهارم: مواجهه با چالش

افراد دارای مدل ذهنی ایستا در مواجهه با موانع بی‌شمار زندگی، احساس شکست و بدبختی می‌کنند؛ اما افراد عضو باشگاه رشد، از خود می‌پرسند

دلایل شکست

چه فرصتی در این محدودیت نهفته است؟

در دل هر تهدیدی، بذری از موفقیت به همان اندازه یا بزرگ‌تر وجود دارد.
دیل کارنگی

نمی‌خواهیم با این موضوع برخورد هیجانی و احساسی داشته باشید. طبیعتا هیچ‌کس، مانع را دوست ندارد و وضعیت مطلوب این است که زندگی سراسر شادی و بدون مانع باشد؛ اما افراد اهل رشد، می‌دانند که باید انتظار احساسات و اتفاقات منفی و مثبت را داشته باشند. با این فرض که به هر حال موانع بخشی از مسیر زندگی همه ما هستند، انتخاب شما چیست؟ یافتن بذرهای موفقیت درون شرایط بسیار نامساعد یا پیوستن به اکثریت بی‌تحرک، منفی‌نگر و اهل گلایه از زمین و زمان.

نوبت شماست

به نظر شما چه فرصت‌هایی در مانع بزرگی به نام کرونا وجود دارد؟

....
....
....
....
....

دلیل چهارم: انتظار موفقیت یک‌شبه

اینترنت و شبکه‌های تلویزیونی مملو از تبلیغات پوچی است که وعده حل مشکلات را در چند روز می‌دهد. متأسفانه حجم این بمباران آن‌قدر زیاد است که در ناخودآگاه به آن ایمان آورده‌ایم.

- جلوگیری از ریزش مو در ۲٤ ساعت فقط با مصرف شامپوی ما!
- در ۲۰ روز ۲۰ کیلو لاغر شوید!
- ظرف ۲۱ روز انگلیسی حرف بزنید!
- و ...

اینها بخش کوچکی از تبلیغات پایان‌ناپذیر رسانه‌ها است که ضرر اصلی آنها ایجاد این باور در شما است که در کوتاه‌مدت می‌توان به موفقیت‌های بزرگ دست یافت و بر این اساس اقداماتی انجام می‌دهید و پس از اینکه به موفقیت نرسیدید، ناامید و افسرده می‌شوید.

اگر اطلاعات بیش از حد تکرار شود، مغز ما بدون تحلیل و بررسی، آن را به عنوان یک حقیقت قبول می‌کند.
آلوین تافلر

اگر قانع شده‌اید که موفقیت یک‌شبه معنا ندارد، به شما پیشنهاد می‌کنم موفقیت ۳۶۵روزه را امتحان کنید. من به این توصیه دارن هاردی عمل کردم و نتیجه بسیار خوبی گرفتم. یک دفترچه زیبا بخرید و هر روز، یک کار یا ویژگی خوب را درباره همسرتان یادداشت کنید. قانون این بازی این است که باید مطالب بسیار جزئی و مشخص در آن نوشته شود. به عنوان مثال، نوشتن «امروز خیلی دوست‌داشتنی بودی» مورد قبول نیست و باید بنویسید: «امروز این بلوز آبی خیلی به تو می‌آمد». این کار دو فایده اصلی خواهد داشت. اول اینکه شما به مدت ۳۶۵ روز، باید هر روز به همسرتان دقت کنید و یک ویژگی خوب را که کلی هم نباشد، بیابید. طبیعی است که کار شما برای تمرکز بر وجوه منفی همسرتان و غرزدن سخت‌تر خواهد شد.

دومین اتفاق خوب، ۳۶۵ روز بعد رخ خواهد داد. به نظرتان چند نفر روی کره زمین چنین کادویی دریافت کرده‌اند و همسر شما یکی از این معدود افراد خواهد بود. از آنجا که جملاتی که نوشته‌اید بسیار خاص و جزئی هستند، او متوجه می‌شود که شما یک سال تمام، به همه رفتارهای او دقت کرده‌اید و ارتباط شما از آن روز به بعد می‌تواند متحول شود.

بعضی از شاگردانم نگران بودند که در این ۳۶۵ روز، همسرشان به صورت اتفاقی به این دفترچه دست پیدا کند، موضوع فاش شود و مزه سورپرایز این کادو از بین برود. من به آنها می‌گویم اگر بتوانید مخفیانه این کار را انجام دهید لذت خاص خود را خواهد داشت؛ اما اگر داستان لو برود، باز هم عالی است. تصور کنید همسرتان ماه‌ها می‌داند شما هر روز خوبی‌هایش را زیر نظر دارید و چه حسی زیباتر از این احساس؟

حالا باید متوجه شده باشید چرا می‌گویم موفقیت یک‌شبه معنا ندارد. اگر می‌گویید برای انجام این کارها وقت ندارید اتفاقا من هم می‌گویم عمر کوتاه است و وقت زیادی نداریم، فرصت را غنیمت بشمارید.

◀ دلیل پنجم: ترس از شکست

از بین همه دلایلی که در این فصل بیان می‌شوند، ترس از شکست موجه‌ترین دلیل است. می‌خواهم به شما بگویم که همه افراد در آغاز هر کار نسبتا بزرگی می‌ترسند. اگر موفق نشوند چه اتفاقی می‌افتد؟ میزان ضرر مادی و معنوی این شکست چقدر خواهد بود؟ دوستان و آشنایان در مورد من چه خواهند گفت؟ من نیز اکنون که در حال نوشتن این کتاب هستم از اینکه بازخورد مشتریان به اولین کتابم چه خواهد بود، می‌ترسم. اگر حتی یک جلد از آن به فروش نرسد چه کار کنم؟ حتما مسخره عام و خاص می‌شوم.

بنابراین همه ما در این مورد مشترک هستیم که کارهای جدید برایمان ترسناک است. ترسوبودن اجدادمان را از خطرات جانی حفظ می‌کرده و در مواجهه با خرس و پلنگ موجب بقای آنها بوده است. آن دسته از اجداد ما که سعی می‌کردند مثبت‌اندیش باشند و با حفظ خونسردی به تجزیه‌وتحلیل

اتفاقات بپردازند، قرن‌ها پیش منقرض شده‌اند. در آن زمان، در نظر گرفتن منفی‌ترین حالت بهترین گزینه بوده است؛ زیرا اگر خطری وجود نداشته اجدادمان احتیاطی عاقلانه به خرج داده بودند، ولی اگر خطری جان آنها را تهدید می‌کرده، این منفی‌نگری موجب بقای اجداد ترسوی ما می‌شده است. مشکل اصلی این است که امروزه برای اکثر ما خطرات جانی وجود ندارند، ولی مغز ما همان برخورد را با اهدافمان می‌کند و گمان می‌کند هنوز هم در نظر گرفتن حالات منفی در جهت بقای ما است.

بنابراین ضمن پذیرش این احساس که خروج از ناحیه امن ترسناک است، دست به اقدام می‌زنیم. در این مسیر سعی می‌کنیم از تجربیات سایر افراد استفاده کنیم تا احتمال شکست را کمتر و کمتر کنیم. البته این حقیقت هم امید بسیاری ایجاد می‌کند که پیشرفت فناوری موجب شده افراد زیادی در ایران و کشورهای خارجی بتوانند در سنین جوانی به اهداف بسیار بزرگی دست یابند، امری که در دهه‌های گذشته تقریبا غیرممکن بود.

◀ دلیل ششم: جذب بدون اقدام

برداشت عده زیادی از افراد از قانون جذب این است که کافی است به خود تلقین کنید به آنچه می‌خواهید رسیده‌اید و با تکرار روزانه جملات تأکیدی و داشتن باوری عمیق، به هدفتان دست خواهید یافت و نیازی به انجام کارهای عملی نخواهید داشت.

نکته قابل تأمل این است که اگر شخصی پس از انجام این اقدامات، به خواسته خود نرسد، به او گفته می‌شود که مراحل کار را به‌درستی اجرا نکرده است. به این ترتیب همواره راه فراری برای توجیه عدم کاربردی‌بودن این رویکرد وجود دارد. به نظر می‌رسد باید روشی را برای رشد انتخاب کنیم که در صورت طی‌کردن مراحل مشخص، نتایج خوبی در بر داشته باشد و نه اینکه حتی با رعایت اصول آن روش، باز هم اماواگر در میان باشد. خبر خوب این است که این روش تضمینی در ادامه به شما تقدیم خواهد شد. کافی است به خواندن ادامه دهید.

● دلیل هفتم: نداشتن حس شکرگزاری

داشتن اهداف بزرگ برای اکثر افراد باعث می‌شود داشته‌های خود را فراموش کنند و بر نداشته‌هایشان متمرکز شوند. اگر هدف خرید اتومبیل مرسدس بنز موجب شود از لحظاتی که سوار بر پرایدتان هستید لذت نبرید و بابت داشتن آن از خداوند سپاسگزاری نکنید، در حال حرکت در مسیر اشتباهی هستید. حال دل بسیاری از مردم حین گفتن جمله خدایا شکر،

مانند این تصویر است. دندان‌ها روی هم فشرده شده و در حالی که معتقد هستند دلیلی برای شکرگزاری وجود ندارد، با کوهی از انرژی منفی کلمات پوچی را بر زبان جاری می‌کنند.

لطفا توجه داشته باشید منظور ما ادای کلمات بی‌روح نیست، بلکه به دنبال جاری‌بودن حس شکرگزاری در همه ثانیه‌های زندگی هستیم. کافی است خودتان را به‌جای خالق کائنات تصور کنید؛ به کدام شخص هدایای ویژه اعطا می‌کنید؟ شخص اول که طلبکارانه و با حالتی گستاخانه مرسدس بنز را طلب می‌کند یا شخص دوم که عمیقا بابت داشتن ارابه‌ای چهارچرخ به نام پراید، خدا را شکر می‌کند و قدر داشته‌هایش را می‌داند هر چند در همان زمان هدف خرید مرسدس بنز را در سر می‌پروراند. به نظر شما کائنات به سمت کدام فرد بیشتر متمایل خواهد بود: فرد طلبکار یا شخص شکرگزار؟ یادمان باشد خدا و کائنات، غلام حلقه‌به‌گوش ما نیستند.

در کتاب مقدس این‌طور آمده است که حضرت ابراهیم زمانی که خود و همسرش پیر و فرتوت بودند، خدا را بابت فرزندی که به او داده بود شکر می‌کرد. دقت کنید هنوز هیچ فرزندی در کار نبود و همه حقایق نیز حاکی

از این بود که این موضوع نمی‌تواند محقق شود. یک پیرمرد عادی در این شرایط از زمین و زمان گلایه می‌کند و نداشتن فرزند را بهانه‌ای برای تلخ‌کردن کام خود و همسرش می‌کند؛ اما ابراهیم انتخاب دیگری داشت. او خدا را بابت چیزی که نداشت عمیقا شکرگزار بود. پیشنهاد من این است که ما نیز ایمان ابراهیمی داشته باشیم و از همین حالا همه داشته‌ها و نداشته‌هایمان را بهانه‌ای برای سپاسگزاری کنیم.

فصل هشتم:
آشنایی با مغز

منشأ رفتار

هر رفتاری که از ما سر می‌زند از یکی از سه عامل زیر نشئت گرفته است:

۱. انگیزه

به نظر شما آقای دامادی که پشت درِ آرایشگاه، مشتاقانه دقایق زیادی را منتظر عروس‌خانم می‌ایستد، از عاملی به‌جز انگیزه استفاده می‌کند؟ اما اگر همین فرد بخواهد هر روز دو ساعت این کار را تکرار کند، تکیه‌کردن به احساسات منطقی نخواهد بود؛ چراکه هیجانات انسان نوسان بسیاری دارد و نمی‌توان از وجود آن به صورت مستمر اطمینان داشت.

۲. اراده

شما به مهمانی رفته‌اید و از آنجا که برای میزبان بسیار عزیز هستید، پس از صرف غذا به عنوان دسر، کیک شکلاتی مخصوص از «شیرینی‌فروشی بی‌بی» برایتان می‌آورند. در آن لحظات حساس، گفت‌وگوهای جالبی بین عقل و دل در جریان است. منافع بلندمدت شما در پرهیز و دست رد زدن به سینه آن کیک نازنین است؛ اما بخشی از مغزتان که منافع کوتاه‌مدت را می‌بیند، با این استدلال که یک شب هزار شب نمی‌شود جلوی کار درست و سخت‌تر را می‌گیرد. به این ترتیب در حالی به خود می‌آیید که آخرین تکه کیک را نوش جان کرده‌اید و میزبان در حال اصرار برای پرکردن مجدد بشقاب شما است و روز از نو روزی از نو.

حتی اگر در این جنگ پیروز شوید، احتمال اینکه دقایقی بعد بتوانید از اراده خود استفاده کنید به‌شدت کاهش می‌یابد؛ زیرا اراده مانند منبعی با ذخیره محدود است که هرچه از آن استفاده شود، ذخیره آن کاهش می‌یابد. این برخلاف تصور عموم مردم است که اراده را مانند یک ماهیچه تصور

می‌کنند که هرچه کار بیشتری از آن کشیده شود، قوی‌تر شود.
دکتر روی بامیستر در سال ۱۹۹۶ تحقیق جالبی انجام داد که پرده از محدودیت‌های اراده برداشت. وی به تعدادی افراد، شیرینی داد و به افراد دیگر حاضر در همان سالن، تربچه تعارف کرد. پس از آن، از آنها خواست جدول حل کنند. در کمال تعجب، افرادی که تربچه خورده بودند تلاش کمتری برای حل جدول می‌کردند و زودتر ناامید می‌شدند؛ بنابراین باید در استفاده از این مخزن با ظرفیت محدود، سخت‌گیر باشید و حتی‌الامکان در موقعیت‌های خیلی خاص از آن بهره ببرید.

۳. عادت

چند وقتی است که سیگار را ترک کرده‌اید؛ اما امروز ناگهان در معرض استرس زیادی قرار می‌گیرید و با رئیستان جروبحث می‌کنید. بدون اینکه مسیر را به یاد بیاورید، خودتان را در حال قدم زدن بیرون شرکت می‌بینید در حالی که سومین نخ سیگار را روشن کرده‌اید.

تحقیقات نشان می‌دهد در زمان بروز استرس و هیجانات زیاد، مغز قدیم، کنترل رفتار را از طریق عادت‌های قدیمی به عهده می‌گیرد. عادت‌ها بخش پرقدرت رفتار هستند و خیلی خوب بود اگر می‌توانستید عادت‌های خوبی بسازید که در زمان‌های حساس، کارهای مثبتی انجام دهید؛ مثلا هر وقت استرس می‌گرفتید به‌جای اینکه جلوی تلویزیون دراز کشیده و چیپس و نوشابه بخورید، حرکات ورزشی انجام می‌دادید؛ اما مشکل اینجا است که ساخت عادت نیازمند تکرار و زمان است.

حتما می‌پرسید حالا که ما درباره نقاط ضعف اقدام بر اساس انگیزه، اراده و عادت سخن گفتیم، راه‌حل چیست؟ مگر نه این است که برای کسب موفقیت باید اقداماتی انجام دهیم. این اقدامات را بر کدام پایه بنیان بنهیم

تا بتوانیم با ثبات قدم به سمت اهداف حرکت کنیم. کم‌کم در حال نزدیک شدن به پاسخ و راه‌حلی تضمینی هستیم. اندکی صبر... .

● پند سقراط

اجازه بدهید این فصل را با پندی حکیمانه از سقراط ادامه دهیم. روزی جوانی از سقراط خواست تا راز موفقیت را به او بگوید. سقراط دست این جوان را گرفت و با خود به کنار رودخانه برد. پس از اینکه به رودخانه رسیدند سقراط با جوان وارد آب شد و تا جایی پیش رفتند که آب به زیر چانه آنها رسید. در این لحظه سقراط سر مرد جوان را به زیر آب برد و مدت زیادی به او اجازه نداد نفس بکشد. در نهایت دستش را از سر جوانک برداشت و او به بالای آب آمد. مرد جوان در حالی که به‌شدت نفس‌نفس می‌زد و از کمبود اکسیژن کبود شده بود، با پرخاش به سقراط گفت این چه کاری بود که تو انجام دادی؟ سقراط نیز به‌آرامی جواب داد: وقتی زیر آب بودی، چطور و در چه حدی هوا را می‌خواستی؟ جوان بیچاره گفت خب معلوم است با همه وجودم! سقراط گفت: هر وقت موفقیت را با همه وجودت بخواهی به آن دست خواهی یافت.

● آیا انگیزه لازم است؟

مطمئن هستم شما الان انرژی خوبی از این حکایت گرفته‌اید و احساس می‌کنید می‌توانید با این انرژی به سمت اهدافتان حرکت کنید؛ اما یک سؤال! به نظر شما آیا هفته بعد نیز همین هیجان وجود خواهد داشت؟ احتمالا آن موقع، سطح انرژی شما بر اساس اتفاقاتی که در این چند روز رخ خواهد داد، دستخوش نوسانات زیادی می‌شود. به همین دلیل هم هیچ‌کس نمی‌تواند حال‌وروز خود را پیش‌بینی کند.

البته انگیزه واقعا مهم بوده و طبیعی است که وجود هیجانات مثبت، اقدام در جهت اهداف را سهل و هموار می‌کند؛ اما چرا بسیاری از مردم بر این باور هستند که انگیزه نقش کلیدی در موفقیت بازی می‌کند. به نحوی که اگر سطح انرژی بالایی نداشته باشند، اقدامی صورت نمی‌پذیرد و حرکت را منوط به داشتن حس مثبت می‌کنند. وقتی احساس شما در اختیارتان نیست و هر روز ممکن است نوسانات شدیدی را در هیجانات خود تجربه کنید، منوط‌کردن برنامه‌ریزی و اقدام به چنین عامل پرنوسانی منطقی نخواهد بود. سخن آلوین تافلر را که یادتان هست؟ اگر اطلاعات بیش از حد تکرار شود، مغز ما بدون تحلیل و بررسی، آن را به عنوان یک حقیقت قبول می‌کند. کسب‌وکار بسیار پرسود سمینارها و کتاب‌های انگیزشی، اجازه هر فکر متفاوتی را از ما سلب می‌کند. لزوم داشتن انگیزه آن‌قدر در کتاب‌ها و سمینارها و کلاس‌ها تکرار شده که مغز ما نیازی به بررسی این باور احساس نمی‌کند و آن را به‌راحتی می‌پذیرد.

یکی از هورمون‌هایی که حین رسیدن به یک لذت یا احتمال محقق شدن آن، ترشح می‌شود دوپامین است. آنچه در کلاس‌ها و دوره‌های انگیزشی رخ می‌دهد این است که سخنران حرفه‌ای، با ایجاد شور و هیجان، به شما نشان می‌دهد که شما در نزدیکی محقق شدن آرزوهایتان هستید. کافی است بخواهید! مغز شما نیز همین که احساس کرد احتمال رسیدن به رؤیاها وجود دارد، دوپامین را آزاد می‌کند. ممکن است تأثیر این فرایند چند ساعت تا چند روز با شما باقی بماند؛ اما با گذشت زمان، برای شما مشخص می‌شود که دستیابی به آرزوها به‌راحتی نیست و دچار افسردگی می‌شوید.

وقتی این اتفاق چند بار رخ دهد، شما به این نتیجه می‌رسید که لیاقت

موفقیت را ندارید و عزت‌نفستان نیز لکه‌دار می‌شود. از این پس به تماشاچی موفقیت‌های سایر افراد تبدیل می‌شوید و بعید است به رؤیاهای بزرگی که روزی در سر داشتید نگاه هم بیندازید. اکثر افراد دچار گفت‌وگوهای ذهنی منفی نیز می‌شوند و بارها و بارها خود را سرزنش می‌کنند و به دیده حقارت به خود می‌نگرند؛ اما حتی یک بار هم احتمال نمی‌دهند که شاید مشکل در استراتژی آنها باشد و نه خودشان. من قاطعانه به شما می‌گویم که روش‌هایی که تاکنون برای دستیابی به آرزوهایتان استفاده کرده‌اید با در نظر گرفتن محدودیت‌ها و نقاط قوت مغز انسان نبوده و به همین دلیل در هر جایگاهی که باشید، فاصله بسیار زیادی با پتانسیل واقعی‌تان دارید.

ساختار مغز

مغز انسان صرفا یک وظیفه دارد و آن، بقای ما است. از آنجا که عملکردهای ارادی و غیرارادی بسیاری باید توسط مغز ما کنترل شوند، شخصی به نام «بابابرقی» در مغز همه ما وجود دارد که وظیفه او دقیقا رعایت این شعار است:

«هرگز نشه فراموش، لامپ اضافی خاموش»

این کارکرد به‌خصوص در زمان اجداد غارنشین ما اهمیت بیشتری داشته است. در آن زمان چنانچه مصرف انرژی مدیریت نمی‌شد، ممکن بود در زمانی که برای فرار از چنگال ببر و حفظ جان به انرژی ناگهانی نیاز داشتیم، این نیرو وجود نمی‌داشت و ما منقرض می‌شدیم؛ اما مغز ما از ده‌ها هزار سال پیش تاکنون، تغییر اندکی کرده و همچنان به‌شدت مراقب است که سطح انرژی تحلیل نرود. شاید اکنون متوجه دلیل این همه مقاومت در برابر ورزش‌کردن یا هر کاری که نیاز به مصرف انرژی دارد شده باشید.

نوبت شماست

این بار تمرین عجیبی داریم. همین حالا یک بار به گوش خود دست بزنید. آیا برای انجام این کار، نیازمند جملات انگیزشی بودید؟ آیا از اراده خود هزینه کردید؟ آیا عادتی قوی برای دست‌زدن به گوشتان ساخته بودید؟ آیا می‌توانید ارتباط این تمرین را با فرمول جادویی موفقیت حدس بزنید؟

....
....
....
....
....

تقریبا تمام کارهای ارزشمندی که رؤیای انجام‌دادن آنها را در سر می‌پرورانید، خارج از دایره امن شما قرار دارند. مواردی مانند:

- یادگیری یک زبان جدید
- شرکت در دوره‌های ارتباط مؤثر
- یادگیری یک نرم‌افزار پیچیده
- راه‌اندازی وب‌سایت خودتان
- نوشتن کتابی که مدت‌ها در آرزویش بوده‌اید
- یادگرفتن ساز مورد علاقه‌تان
- و....

همه نیازمند قدم گذاشتن به ناحیه‌ای ترسناک است. به همین دلیل، مغزتان هر کاری از دستش برمی‌آید انجام می‌دهد تا این اتفاق رخ ندهد. یادتان هست؟ تنها وظیفه مغز، ادامه حیات شما است و علاقه‌ای به شنیدن رؤیاهای

بزرگ شما ندارد. برداشت مغز این است که چون حرکت در جهت این اهداف، نیازمند صرف انرژی زیادی است، پس بر اساس غریزه بقا باید همه این تحرکات متوقف شوند. توجه داشته باشید موفقیت امری غیرضروری و لوکس است؛ بنابراین بین «ادامه حیات» و «رسیدن به اهداف»، دومی شانسی برای چیرگی نخواهد داشت.

فصل نهم:
فرمول جادویی موفقیت

مدل فاگ

مدل تغییر رفتار فاگ، در شکل زیر نشان داده شده است. محور افقی نشان‌دهنده میزان دشواری یک اقدام و محور عمودی نشان‌دهنده مقدار انگیزه شما است. تمام اقداماتی که در بالای منحنی قرار بگیرند (مانند شماره‌های ۲ و ٤) قابل انجام هستند و کارهایی که در ناحیه زیرین منحنی بیفتند (مانند شماره‌های ۱، ۳ و ۵) انجام نخواهند شد. بر این اساس، پنج ناحیه نمودار را بررسی می‌کنیم.

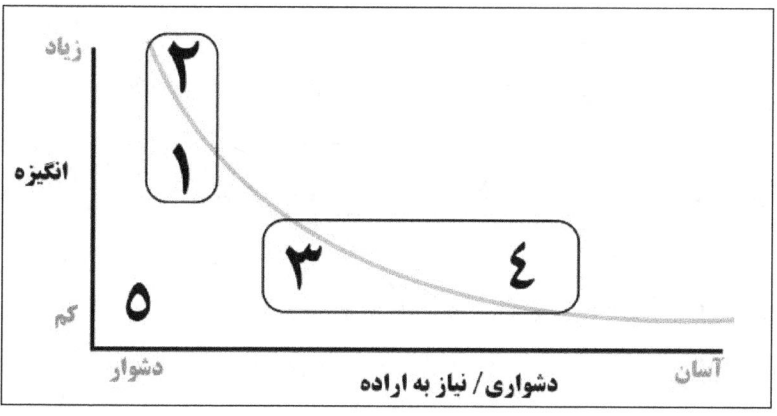

ناحیه ۱: اگر به دنبال انجام کارهای دشوار هستید باید انگیزه بسیار بالایی داشته باشید. در غیر این صورت در ناحیه یک باقی می‌مانید و نمی‌توانید کار مطلوب را انجام دهید.

ناحیه ۲: دشواری این اقدام، مشابه مورد قبل است اما به دلیل داشتن انگیزه بالا، می‌توانید بر سختی آن غلبه کرده و آن را انجام دهید.

ناحیه ۳: امروز، روزتان نیست و انگیزه کم شما باعث شده نتوانید از پس انجام کار نسبتا دشواری که به خودتان قول داده بودید برآیید.

ناحیه ٤: در همان روز و در حالی که انگیزه پایینی دارید، تعهد دیگری را با موفقیت انجام می‌دهید؛ زیرا دشواری کمتری دارد. این همان تکنیکی است که می‌خواهیم برای رسیدن به موفقیت از آن بهره ببریم.
ناحیه ٥: اگر حال‌وروز مناسبی نداشته باشید، بعید است بتوانید اقدام دشواری را انجام دهید. شاید بسیاری از افراد در این روزهای سخت کرونایی، در ناحیه پنج باشند.

اقدامک

استراتژی اکثر مردم این است که با شرکت در کلاس‌ها و سمینارهای انگیزشی و مطالعه کتاب‌های این حوزه، انگیزه خود را بالا ببرند تا بتوانند به بخش بالای منحنی (ناحیه شماره ۲) پرتاب شوند؛ اما حرفه‌ای‌ها به دنبال این هستند که اهداف خود را کوچک کنند (ناحیه شماره ٤) تا در هر شرایطی (چه با انگیزه و چه بدون انگیزه) حرکت به سمت رؤیاهای خود را ادامه دهند. حرفه‌ای‌ها می‌دانند که آینده بر اساس کارهایی که گهگاه از روی انگیزه و اراده انجام می‌دهند ساخته نمی‌شود. بلکه کارهای کوچک روزمره، ولی همیشگی و تکرارشونده است که سرنوشت را رقم می‌زند. در این کتاب، این کارها را اقدامک می‌نامیم. باید اهدافی را که در فصول گذشته تعیین کردید با فرمول زیر به اقدامک تبدیل کنید.

اقدامک = اهداف مسخره + بدون درد + با دشواری صفر

- مسخره: باید از اینکه اهداف کوچکتان را به دیگران بگویید، شرمسار شوید. اگر نگران این نیستید که دیگران شما را مسخره نکنند، به اندازه کافی اهداف را کوچک نکرده‌اید.
- بدون درد: همان‌طور که قبلا گفتیم، مغز نسبت به کارهایی که مستلزم

خروج از ناحیه امن باشند به‌شدت واکنش منفی نشان می‌دهد و مانع اجرای آنها می‌شود. پس باید اهداف را به‌قدری کوچک تعریف کنید که به‌هیچ‌وجه باعث فعال شدن سیستم هشدار مغز نشوید و بابابرقی را بیدار نکنید.

- دشواری صفر: بدترین روز ممکن را تصور کنید. ساعت ۳:۳۰ صبح بیدار شدید، سپس با عجله خود را به فرودگاه رساندید، هواپیما سه ساعت تأخیر داشت و زمانی که به بندرعباس رسیدید، یک ساعت منتظر دریافت چمدان بودید. بعد از اینکه به هتل رسیدید، صبحانه تمام شده بود و با سرعت برای ایراد سخنرانی به محل همایش رفتید. سخنرانی خوبی داشتید، اما انرژی زیادی از شما گرفت. به سرعت به فرودگاه می‌روید و باز هم تأخیر پرواز! نهایتا نیمه‌شب به خانه می‌رسید. در این شرایط و در این ساعت از شب باید بتوانید اقدامک را انجام دهید.

به عنوان مثال اگر هدف شما انجام ورزش روزانه باشد، اقدامک می‌تواند یک حرکت شنای سوئدی در روز باشد. دقت کنید که اقدامک برای اشخاص مختلف، ممکن است متفاوت باشد. اقدامک من برای ورزش، «قرار گرفتن در وضعیت شنای سوئدی» است؛ زیرا در روزهای بسیار شلوغ و خسته‌کننده از هدفی که از این اقدامک بزرگ‌تر باشد، شکست می‌خورم؛ اما اقدامک با این منظور تنظیم می‌شود که تقریبا در صد درصد مواقع اجرا شود.

◗ اقدامک و انگیزه

به نظر شما، در کدام حالت احتمال بیشتری دارد که ورزش کنید؟ حالت اول: در تختخواب خوابیده‌اید، ساعت پنج صبح یک روز سرد زمستانی، ساعت زنگ خورده و شما به زمین و زمان لعنت می‌فرستید که

چرا باید حالا از زیر پتوی گرم بیرون بیایید. زمان زیادی با خود کلنجار می‌روید و منتظر هستید تا اصطلاحا حس ورزش‌کردن بیاید!

حالت دوم: کنار در منزل، روی زانوی خود نشسته‌اید و در حال گره‌زدن آخرین بند کفش ورزشی‌تان هستید.

واضح است که در حالت دوم، برگشتن به تخت و منصرف‌شدن از ورزش کار سختی خواهد بود. اجازه بدهید مثال دیگری را بررسی کنیم. آیا انگیزه شما که بخش زیادی از این کتاب را خوانده‌اید، برای ادامه مطالعه بیشتر است یا دوست دیگری که در حال مطالعه مقدمه کتاب است؟ همان‌طور که می‌بینید این باور غالب که برای انجام کار باید انگیزه داشته باشید، اشتباه است. ابتدا باید دست به اقدام بزنید و سپس انگیزه ایجاد می‌شود.

این همان قولی است که ما به شما داده بودیم. قرارمان این بود که روشی که در این کتاب ارائه می‌شود، محدودیت‌ها و نقاط ضعف سایر استراتژی‌ها خصوصا روش‌های مبتنی بر انگیزه را جبران کند و شما را از نوسان رهایی بخشد؛ به نحوی که بتوانید با خیال آسوده نسبت به پیشرفت خود متعهد شوید و دیگر خبری از شکست‌های پیاپی نباشد.

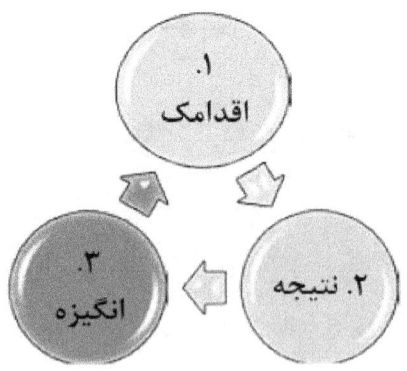

چرخه موفقیت

چرخه موفقیت، برخلاف چرخه شکست، از اقدامک آغاز می‌شود و نه از انگیزه. به‌محض اینکه به اقدامک مسخره‌ی خود عمل کنید، نتیجه آنی این پیروزی را مشاهده می‌کنید، دوپامین ترشح می‌شود و انگیزه شما بالا می‌رود. حال با تکیه بر این انگیزه که حاصل دست رنج واقعی است و با هیجانات پوچ و توخالی متفاوت است، می‌توانید اقدامک را تکرار کنید. به این ترتیب، در حالی که هدف اولیه شما، اقدامی بسیار کوچک و ناچیز بوده، با طی‌کردن چرخه موفقیت می‌تواند منجر به نتایج شگفت‌انگیز، نه در یک روز بلکه طی هفته‌ها و ماه‌های آتی گردد.

تفاوت این روش با سایر روش‌ها، این است که هر وقت انگیزه حرکت در مسیر ارزش‌ها و اهدافتان را نداشتید کافی است یک اقدامک انجام دهید و لذت خروجی آن را ببرید. دیگر نیازی نخواهید داشت که موفقیت خود را به قضا و قدر، قدرت محدود اراده یا احساسات و هیجانات زودگذر گره بزنید.

مزایای اقدامک

◀ اول: مستقل از احساس

مزیت اصلی اقدامک این است که تحت هر شرایطی قابل اجرا است و شما هیچ‌وقت بهانه خستگی، مشکلی جسمی و روحی نخواهید داشت و این یعنی تجربه‌ی حس پیروزی در هر شرایطی.

◀ دوم: عدم خستگی ذهنی

معضل اصلی تصمیمات و کارهای بزرگ این است که صرفا با فکرکردن درباره آن‌ها و قبل از شروع، خسته می‌شوید؛ اما اقدامک نیاز به اراده ندارد

و همین موضوع موجب رهایی از خستگی ذهنی می‌شود.

مشکل دیگر تصمیمات بزرگ، این است که در صورتی که موفق به اجرای آنها شوید تا مدتی حس غرور ناشی از انجام یک پروژه مهم را دارید و بنابراین به خود مرخصی می‌دهید؛ مثلا من بعد از برگزاری هر سمینارم، فردای آن روز دیرتر از خواب برمی‌خیزم؛ اما بعد از اقدامک، اصلا چنین حسی به وجود نمی‌آید. شما نمی‌توانید به انجام آن افتخار کنید و همین موجب می‌شود بتوانید طی ماه‌ها و سال‌های متوالی، به آن رفتار ادامه دهید.

● سوم: برگرداندن ورق

قانون اول نیوتن را یادتان هست؟ مطابق این قانون، اجسام تمایل دارند وضع فعلی خود را حفظ کنند؛ یعنی جسم در حال حرکت، به حرکت ادامه می‌دهد و جسم ساکن نیز حرکت نخواهد کرد، مگر آنکه نیرویی صرف تغییر حالت شود. چه قانون جالبی! با اقدامک، شما تبدیل به یک جسم در حال حرکت می‌شوید و حالا برای متوقف شدنتان، باید انرژی صرف کنید و نه برای ادامه حرکت! به این ترتیب، شما غیرقابل توقف می‌شوید. جالب‌تر اینکه اگر بخواهید مانند گذشته خودتان، اهداف بزرگ داشته باشید، همین قانون علیه شما کار می‌کند؛ زیرا باید برای به حرکت درآمدن، نیروی زیادی به کار ببرید و در اکثر مواقع از قانون اول نیوتن شکست می‌خورید.

● چهارم: بزرگ‌ترین اهرم توسعه فردی

یکی از مشکلات گریبان‌گیر من این بود که با داشتن اهداف بزرگ، رشد و موفقیت در همه ابعاد زندگی غیرممکن می‌بود؛ مثلا اگر من می‌خواستم با استراتژی سابقم همین کتاب را بنویسم، بسیاری از امور خانوادگی و

کاری‌ام ضربه می‌خوردند. در حالی که با داشتن اقدامک در سه زمینه مختلف، روزانه برای سایر ابعاد زندگی‌ام نیز وقت می‌گذارم و با کمترین آسیب، این پروژه بزرگ را انجام می‌دهم.

● پنجم: تجربه‌شده و نه تئوری

آخرین مزیت اقدامک، این است که در عمل و برای افراد بسیاری تجربه‌شده و شما می‌توانید از پاسخ این روش اطمینان داشته باشید.

● اقدامک و عادات بد

آیا تاکنون دقت کرده‌اید که عادات بد و منفی از جنس اقدامک هستند و شاید یکی از دلایل پیروزی همیشگی این عادات همین باشد. نگاهی به جعبه‌های شکلات، گز، بیسکویت و شیرینی روی میز خانه و محل کار بیندازید. به‌محض درازکردن دستتان به یک خوراکی ناسالم می‌رسید. مگر اراده شما چقدر ظرفیت دارد که از صبح تا شب و هر روز در برابر این همه وسوسه مقاومت کند؟ دوستان سیگاری نیز همین اهرم را علیه خود استفاده می‌کنند. در تمام جیب‌ها و اتاق‌ها و اتومبیل، سیگار و فندک در دسترس است، گویا با دقت به‌گونه‌ای طراحی کرده‌اند که هرگز بیش از چند ثانیه برای روشن‌کردن سیگار معطل نشوند.

لذا بسیاری از افراد در حال استفاده از قدرت اقدامک‌ها هستند، اما علیه خود و نه در جهت رشد و موفقیتشان. آیا وقتی می‌خواهید وارد اینستاگرام شوید با خودتان عهد می‌کنید که یک ساعت و نیم از وقت گران‌بهایتان را در آن صرف کنید و تا وقتی که چشمانتان خسته نشده به چرخیدن و اتلاف وقت در موبایل ادامه دهید؟! طبیعی است که به خودتان می‌گویید یک نگاه به اینستاگرام که گناه ندارد و این یک نگاه به قیمت چند ساعت هدردادن

وقت و احساسات منفی ناشی از دیدن بهترین لحظات زندگی سلبریتی‌ها و مقایسه آن با زندگی زیبای خودتان تمام می‌شود.

جالب اینجا است که علی‌رغم استفاده از اقدامک در کارهای منفی، هر وقت می‌خواهید تصمیم مثبتی در زندگی بگیرید کاملا برعکس رفتار می‌کنید؛ مثلا به خودتان قول می‌دهید دیگر نوشابه نخورید، هر روز یک ساعت ورزش کنید، ۲۰ کیلو وزن کم کنید و... نیاز به گفتن ندارد که این تصمیمات چند روز بعد به چه سرنوشتی مبتلا شده‌اند.

◀ قانون ۲۰ ثانیه

اگر می‌خواهید سد محکمی در برابر عادات بد بسازید، باید مزیت اقدامکی آنها را حذف کنید و تبدیل به اقداماتی عادی شوند که محقق‌شدن آنها نیاز به زحمت داشته باشد. در این راستا باید دسترسی خود را به آن کار، سخت کنید به‌گونه‌ای که زمان دسترسی به آن حداقل ۲۰ ثانیه باشد؛ مثلا اگر می‌خواهید شیرینی کمتری مصرف کنید، خانه و محل کارتان را از وجود شیرینی پاک کنید. اگر می‌خواهید سیگار کمتری استعمال کنید، جیب و کمدها و داشبورد خودرو را از سیگار خلیه کنید. دقت کنید هیچ حرفی از ترک مصرف شیرینی و سیگار نزدیم؛ فقط و فقط دسترسی را تا حد ممکن سخت کنید.

برعکس اگر می‌خواهید عادات خوبی بسازید، باید کاری کنید که ظرف چند ثانیه بتوانید آن را انجام دهید. اگر در اتاق مشغول مطالعه هستید و هر بار باید کتاب را ببندید و بلند شوید و به سمت آشپزخانه بروید، بعد از برداشتن لیوان از داخل کمد، آب بریزید و آن را نوش جان کنید. این فرایند منجر به نوشیدن هشت لیوان در روز نخواهد شد. همیشه باید یک پارچ آب و یک لیوان کنار دستتان باشد، در این صورت نیازی به

برنامه‌ریزی و استفاده از انواع اپلیکیشن‌های یادآوری‌کننده و سایر روش‌های عجیب‌وغریب نخواهید داشت.

● رویکرد چابک

اکنون که با فرمول جادویی موفقیت آشنا شدید، کافی است این فرمول را در تمام عرصه‌های زندگی پیاده‌سازی کنید تا از نتایج آن شگفت‌زده شوید. فرض کنید می‌خواهید کتاب بنویسید. یک روش این است که خود را غرق تحقیق و بررسی انواع روش‌ها و مطالعه ده‌ها کتاب و مقاله کنید و نهایتا بخواهید نوشتن کتاب را شروع کنید. روش دیگر این است که مطابق روش چابک باید وقت اندکی را صرف مقدمات کرده و بلافاصله نسبت به نوشتن اولین نسخه کتاب اقدام کنید. اجازه بدهید این نسخه اولیه را آشغال بنامیم تا موجب کاهش وسواس شما شود.

همان‌طور که در شکل زیر مشاهده می‌کنید، فرایند چابک از «تولید محصول با حداقل کیفیت قابل قبول»، آغاز می‌شود. هدف این است که یک خروجی واقعی برای آزمودن و اصلاح وجود داشته باشد. در غیر این صورت ایده‌های ناب شما همواره روی کاغذ باقی می‌مانند.

بگذارید شیوه نوشتن همین کتاب را برای شما شرح دهم. اقدامکی که من برای انجام آن مقاومتی نداشتم، تایپ روزانه ۱۰ کلمه از کتابم بود. سپس با رویکرد چابک، سعی کردم بر کمال‌گرایی غلبه کنم و اولین نسخه (یا آشغال) را تولید کنم. به‌محض اینکه آشغال تولید شد، با خیال آسوده بازبینی و اصلاح کتاب را نهایی کردم. مطمئن هستم بعدها مجددا اصلاحات بیشتری انجام خواهم داد اما با حذف استانداردهای خودساخته، این فرصت را به خودم دادم که یک کتاب چاپ‌شده داشته باشم. مطمئن هستم شما ایده‌هایی به‌مراتب بهتر از من دارید، پس شما را تشویق می‌کنم فرصت پیاده‌شدن ایده‌ها را به خودتان بدهید. با گذشت زندگی و نزدیک‌شدن به خط پایان، اهمیتی نخواهد داشت که چند ایده عالی داشته‌اید. آنچه شما را رشد می‌دهد و می‌توانید به آن افتخار کنید، آن دسته از ایده‌ها هستند که آنها را اجرا کرده‌اید؛ پس معطل نکنید و شروع کنید.

در شکل زیر سیر تغییرات نشان تجاری شرکت اپل از سال ۱۹۷۶ تاکنون نشان داده شده است. اگر شما به‌جای بنیان‌گذاران اپل بودید، حاضر به قبول نشان اول بودید؟ اما نگاه آنها آغاز کار، آزمودن ایده‌ها در عمل و اصلاح آن بود و به همین دلیل در زمانی اندک، به نتایجی شگفت دست یافتند.

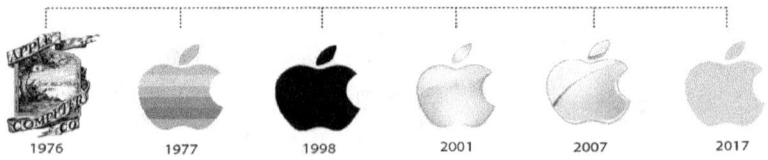

یکی از بهترین نمونه‌های پیاده‌کردن تفکر چابک در صنعت، اخیرا توسط آقای ایلان ماسک[9] و شرکت اسپیس ایکس[10] ایجاد شد. ناسا[11] سال‌ها در پرتاب کاوشگر و فضاپیما از داخل خاک ایالات متحده ناکام مانده بود و علی‌رغم تعریف پروژه‌های بزرگ و پرهزینه و بهره‌بردن از روش‌های متداول مدیریت پروژه و تولید محصول، همچنان مجبور به ارسال فضاپیماهای خود از خاک سایر کشورها بود. نهایتا سازمان بزرگ و دولتی ناسا، واگذاری این پروژه به بخش خصوصی را پذیرفت. شرکت اسپیس ایکس به‌جای اینکه با صرف زمان و هزینه بسیار زیاد تا مرحله پرتاب فضاپیما جلو برود و در انتها متوجه خطاهای احتمالی طراحی شود، با اتخاذ رویکرد چابک، آشغال‌های بسیاری را تولید کرد و شکست‌های سریع‌تر و کم‌هزینه‌تری را تجربه کرد و گام به گام به سمت تولید نسخه نهایی پیش رفت و نهایتا مدتی پیش، موفق به پرتاب فضاپیما از خاک ایالات متحده شد.

بنابراین شما می‌توانید با خیالی آسوده از این رویکرد در پروژه‌های کوچک و بزرگ خود استفاده کنید. در انتها تأکید می‌کنم، آنچه شما را از سایرین متمایز می‌کند سه چیز است: اقدام، اقدام و اقدام... .

9- Elon Musk
10- SpaceX
11- NASA

فصل دهم:
اقدامک یا رؤیای بیدارکننده

● رؤیای بیدارکننده

همه ما رؤیاهای زیادی داریم؛ اما بیشتر اوقات، فقط به آنها فکر می‌کنیم و با گذشت زمان، با حسرت به آنها می‌نگریم یا اساسا فراموش می‌کنیم که روزی چنین آرزویی داشته‌ایم. به زندگی روزمره خو می‌کنیم و به یک روبات بی‌احساس و بدون شور و شوق تبدیل می‌شویم. من نمی‌خواهم این واقعیت زندگی بسیاری از افراد را بپذیرم و به هر نحو که شده می‌خواهم رؤیاهایم را در زندگی واقعی ببینم؛ ببینم که به آنها دست پیدا کرده‌ام و در حال زندگی‌کردن آنها هستم.

درک سیورز در سخنرانی خود در همایش تد به زیبایی به این موضوع می‌پردازد. او ویدئویی پخش می‌کند که در آن یک نفر در کنار دریا حرکات موزون انجام می‌دهد و بعد از چند دقیقه، چند نفر به او اضافه می‌شوند و بعد از مدتی، جمعیت زیادی به آنها می‌پیوندند. گویا همه افراد، اشتیاق داشتند این حرکات را انجام دهند و صرفا به یک جرقه نیاز داشتند که اولین نفر، زحمت آن را کشید.

من و سحرخیزی

همان‌طور که در فصل چهارم دیدید، من نیز آرزوهای فراوانی داشتم.

- ورزش
- مطالعه کتاب‌های زیادی که خریده بودم اما فرصت مطالعه‌شان را نداشتم و تلنبار شده بودند
- شکرگزاری
- یادگیری زبان
- یوگا
- انجام امور عقب‌افتاده منزل
- کمک به همسرم در خانه‌داری
- مطالعه کتب آنتیک قدیمی (مثل گلستان و بوستان سعدی)

و ایده‌های بسیاری که مجالی برای آنها نداشتم. هر چقدر بیشتر تلاش می‌کردم، بیشتر شکست می‌خوردم و داشتم قبول می‌کردم که در هیاهوی زندگی روزمره، جایی برای رؤیاهای کوچک و بزرگم وجود ندارد.

تا اینکه فقط بر روی یک هدف، تمرکز کردم: سحرخیزی. حدود سه ماه، تمام تلاشم را کردم تا سحرخیزی و بیداری در ساعت ٤:٥٩ صبح، برایم تبدیل به یک عادت شود. نکته مهم این بود که نه‌تنها حس خوب پیروزی را تجربه کردم، بلکه بدون اینکه متوجه باشم رؤیای رقصنده خود را پیدا کرده بودم. حضور سحرخیزی کافی بود تا بقیه آرزوهایم نیز بیدار شوند. گویا رؤیاهای خفته اعتمادبه‌نفس کافی برای جلب توجه ما را از دست داده‌اند، اما اگر یکی از رؤیاها مجال عرض‌اندام پیدا کند، اثر پروانه‌ای عجیبی در زندگی‌مان می‌گذارد و همه رؤیاهای پژمرده را به رقص و پایکوبی دعوت می‌کند.

احتمالا شما نیز هیجان‌زده هستید که همین فردا ساعت ٤:٥٩ از خواب برخیزید و آثار آن را در تمام ابعاد زندگی مشاهده کنید. شاید کتاب‌ها و سمینارهای زیادی در این مرحله، با ایجاد انگیزه و ارائه شعارهای زیبا، شما را ترغیب می‌کنند که هم‌اکنون ساعت خود را تنظیم کنید و از فردا شروع کنید؛ اما وجه تمایز این کتاب این است که نمی‌خواهد این بار نیز مغلوب استراتژی‌های ضعیف قدیمی باشید. بر اساس اصولی که در فصول قبل درباره اقدامک فرا گرفتید، باید گام به گام احتمال سحرخیزی را افزایش دهید تا کم‌کم و با صبر، بخشی از زندگی شما شود.

در این راستا آنچه قطعا **نباید انجام دهید**، این است که تصمیم بگیرید فردا ساعت ٤:٥٩ برخیزید و بعد از انجام ۳۰ دقیقه ورزش صبحگاهی، با نشاط فراوان به مدت یک ساعت مشغول مطالعه صبحگاهی شوید. آیا این فرمول آشنا نیست؟ چند بار تصمیمی مشابه این را گرفتید و دیر یا زود آن را کنار گذاشتید و به روال عادی زندگی خود بازگشتید؟ پس در برابر این وسوسه ایستادگی کنید. بگذارید برای یک بار هم شده، مسیر جدید را امتحان کنید. از آنجا که سحرخیزی نیاز به آمادگی جسمی و روانی دارد، باید ابتدا مقدمات آن مهیا شود. به عنوان مثال فهرست زیر را با توجه به محدودیت‌ها و شرایط خودتان تهیه کنید.

- چرا دیر می‌خوابم؟
- حتی‌الامکان برگزاری مهمانی‌ها در ظهر پنجشنبه و جمعه (و نه شب)
- موبایل و تلویزیون از ساعت ۹ شب تعطیل
- چراغ‌های منزل از ساعت ۱۰ شب خاموش
- لباس ورزشی و کتاب و... آماده روی میزم
- ساعت ۱۰ در رختخواب هستم

پس از اینکه مقدمات را بررسی کردید، باید یک اقدامک برای آن ایجاد کنید. این اقدامک می‌تواند چیزی شبیه این باشد:

- ساعت ٤:٥٩ بیدار می‌شوم و یک خط کتاب می‌خوانم
- ساعت ٤:٥٩ بیدار می‌شوم و یک حرکت شنای سوئدی انجام می‌دهم
- ساعت ٤:٥٩ بیدار می‌شوم و مسواک می‌زنم

یادتان باشد باید اقدامک شما برایتان مقاومت معادل صفر داشته باشد تا در بدترین روزها نیز بتوانید آن را انجام دهید.

نوبت شماست

به نظرم شما هم یک رویای رقصنده دارید که جایی پنهانش کرده اید. تاثیر بزرگی که این رؤیا در همه ابعاد زندگیتان دارد، ارزش صرف وقت را دارد. حداقل سه رؤیا را اینجا یادداشت کنید.

....

....

....

....

....

جرقه‌هایی با پتانسیل بی‌نهایت[۱۲]

برخی می‌گویند اقدامک ایده خوبی است اما خیلی کوچک است. پاسخ من نیز این است که بله درست می‌گویید، اقدامک‌ها جرقه هستند اما درون انبار باروتی به نام انسان! شما مخزن توانایی‌های بسیار زیادی هستید که تا وقتی جرقه اولیه ایجاد نشده از محتوای این انبار بی‌خبر هستید. تمام

۱۲- این تعبیر و برخی از مفاهیم دیگر، از کتاب **ریزعادت‌ها**، نویسنده استفان گایز، مترجم نحله رحمانیان، نشر تعالی اقتباس شده است. خواندن این کتاب را به همه شما توصیه می‌کنم.

تلاش من این است که با کمک اقدامک، جرقه‌ای در درون شما ایجاد کنم و اگر موفق شوم، از اینجا به بعد شما راه خود را پیدا کرده و به هر آنچه می‌خواهید می‌رسید. در این صورت همه آنچه در فصل‌های ابتدایی کتاب درباره هدف‌گذاری گفته شد، به کارتان خواهد آمد؛ در غیر این صورت، داشتن اهداف مکتوب درد زیادی را درمان نخواهد کرد.

بنابراین باز هم تأکید می‌کنم همین حالا خواندن کتاب را متوقف کنید و فهرست بلندی از همه کارهایی که نامزد اولین اقدامک هستند، تهیه کنید. سپس ببینید کدامیک پتانسیل نهفته بیشتری دارد. آن را انتخاب کرده و اقدامک خود را بر اساس آن بنویسید و اجرا کنید.

◀ گام‌های اجرای اقدامک

اگر بخواهم زندگی خودم را تا پیش از آشنایی با قانون اقدامک در یک جمله خلاصه کنم، می‌توانم بگویم اهدافی خیره‌کننده اما نتایجی خجالت‌آور، در حالی که پس از به‌کاربردن آن در زندگی، همواره اهدافی خجالت‌آور اما دستاوردی بهت‌آور داشته‌ام و می‌خواهم شما نیز همین مسیر را آغاز کنید.

◀ گام اول: انتخاب یک تا سه هدف

بر اساس اهداف مکتوبی که در بخش‌های قبل تنظیم کرده‌اید، یک تا سه هدف برگزیده این فصل را انتخاب کنید. ممکن است همگی از یک حوزه یا از حوزه‌های مختلف زندگی شما باشند. در این مرحله باز هم با معیارهای فیلترکننده آنها را می‌سنجیم. آیا این آرزو، پتانسیل این را دارد که با اثر پروانه‌ای، تغییر مشهود و ملموسی در زندگی‌تان ایجاد کند؟ هدف از امتیازدهی در این بخش این نیست که اهداف منتخب، نمره مشخصی کسب کنند، بلکه صرفا یک بار دیگر میزان اهمیت آن را در زندگی‌تان

بررسی کنید. ممکن است یک پروژه مدت‌ها ذهن شما را به خود مشغول کرده و علی‌رغم اینکه امتیاز آن چندان بالا نباشد، صلاح بدانید یک بار برای همیشه با کمک‌گرفتن از قدرت جادویی اقدامک‌ها، این پروژه را از ذهن خود خارج کنید.

ردیف	حوزه زندگی	شرح هدف	منافع ذی‌نفعان	اشتیاق سوزان	جزیره	چالش	بزرگی	رؤیای بیدارکننده	جمع امتیاز هر آرزو
۱									
۲									
۳									

◆ گام دوم: تبدیل هدف به اقدامک

فرمول اقدامک را که یادتان هست؟

اقدامک = اهداف مسخره + بدون درد + با دشواری صفر

پس دست به کار شوید و سه هدف منتخب ۹۰ روز آتی را با این فرمول، به اقدامک تبدیل کنید. مبادا وسوسه شوید و بخواهید با تکرار اشتباهات گذشته، همچنان هدفی بزرگ تنظیم کنید. به مثال‌های صفحه بعد دقت کنید.

ردیف	هدف	اقدامک
۱	انجام روزانه یک ساعت ورزش	قرارگرفتن در وضعیت شنای سوئدی
۲	یک ساعت مطالعه کتاب	روزانه مطالعه یک خط کتاب
۳	یک ساعت آموزش زبان	یادگیری یک لغت انگلیسی
٤	مسواک‌زدن پنج دقیقه و سه بار در روز	زدن خمیردندان روی مسواک پس از هر غذا

● گام سوم: پاداش تصویری

در مسیر اجرای اقدامک، یکی از ابزارهایی که کمک بسیاری به حفظ روحیه و تعهد شما می‌کند، داشتن یک نماد فیزیکی از پیشرفت روزانه است. به عنوان مثال، هر روز که اقدامک خود را انجام می‌دهید، یک تیله در ظرف شیشه‌ای بیندازید یا روی کاغذی بزرگ علامت بزنید. شاید هم بخواهید تقویم بزرگی روی دیوار اتاقتان نصب کنید و هر روز که کارتان را به‌درستی انجام می‌دهید، یک استیکر خندان روی آن روز بچسبانید. مشاهده زنجیره ادامه‌دار حرکتتان، به شما انگیزه مضاعفی برای ادامه مسیر می‌دهد و از قطع این زنجیر، جلوگیری خواهد کرد.

● گام چهارم: حس پیروزی به اندازه اهداف بزرگ

می‌خواهم همین‌جا و قبل از ادامه بحث به شما تبریک بگویم؛ زیرا شما همین حالا، جزء دو درصد انسان‌های خاص روی کره زمین هستید. بله، درست خواندید! شما نه‌تنها ارزش‌ها و اهداف مشخصی دارید بلکه هر

روز یک قدم در جهت تحقق آرزوهایتان برمی‌دارید. از خودتان خیلی ممنون باشید که این فرصت را به خود داده‌اید و بسیار مهم است که احساس یک فرد برنده را داشته باشید. یادتان باشد همواره اهداف بزرگی داشته‌اید، اما کمتر پیش آمده که بتوانید پیوسته برای محقق‌شدن آنها تلاش کنید. پس قدر این پیشرفت را بدانید و از آن لذت ببرید.

● گام پنجم: حفظ آزادی عمل بدون احساس گناه

یادتان باشد اقدامک‌ها همانی هستند که نوشته‌اید. قرار نیست بنویسید قرارگرفتن در وضعیت شنای سوئدی، ولی در ذهن خود بخوانید حداقل ۱۰ حرکت شنا. شما صرفا موظف به انجام اقدامک هستید و اگر علاقه‌ای به انجام کار بیش از آن نداشتید، بدون احساس گناه و با حس غرور و پیروزی، همان‌جا کار را خاتمه دهید.

● گام ششم: انتظار مخفی ممنوع

چند ماه قبل تصمیم گرفتم مهارت تایپ ۱۰انگشتی خود را تقویت کنم و به همین دلیل باید روزانه در یک وب‌سایت، تمرین می‌کردم. اقدامک من بازکردن صفحه آن وب‌سایت بود و در حالی که به نظر می‌رسید تمام اصول را رعایت کرده‌ام، برخی روزها به اقدامک عمل نمی‌کردم. به این نتیجه رسیدم که یک جای کارم ایراد دارد. نهایتا متوجه شدم اقدامکی که در ذهنم به آن اعتقاد دارم، انجام حداقل پنج تمرین در آن وب‌سایت است؛ بنابراین مغز من متوجه شده بود که قرار است از دایره امنم خارج شوم و بسیاری مواقع، مانع اقدام من می‌شد؛ اما به‌محض اینکه اقدامک روی کاغذ را با انتظار ذهنی از خودم یکسان کردم، موفق به پیاده‌کردن اقدامک حتی در خسته‌کننده‌ترین روزها شدم.

همان‌طور که پیش‌تر گفته شد، وظیفه مغز، صرفا بقای ما است و هیچ وظیفه‌ای برای رشد و موفقیت ندارد. مغز، در راستای وظیفه اصلی خودش، منفی‌نگری و کنترل مصرف انرژی را سرلوحه کارش قرار می‌دهد؛ بنابراین هرگز نباید به مغز اجازه دهید متوجه نیت شوم شما شود! پس انتظار مخفی ممنوع! به‌هیچ‌وجه انتظار مخفی از خود نداشته باشید و به اجرای اقدامک قانع باشید. ایمان داشته باشید که مشکل اصلی، عدم استمرار اقدام‌ها است و نه کوچکی یا بزرگی آنها.

● گام هفتم: چک‌کردن قبل از خواب

طبیعی است که برخی اوقات، اجرای اقدامک را فراموش کنید، اما خوشبختانه اقدامک طوری طراحی شده که شما به‌راحتی می‌توانید در آخرین دقایق و درست قبل از خواب، نتیجه را تغییر دهید و در آن روز از یک بازنده به برنده تبدیل شوید. یک لحظه تصور کنید چقدر تفاوت دارد که فردا صبح که از خواب برمی‌خیزید با حس یک برنده بلند شوید؛ قهرمانی که هر روز در جهت اهدافش یک گام کوچک به جلو برمی‌دارد. برای اینکه آخرین گلوگاه را از دست ندهید، اندکی خلاقیت به خرج دهید؛ مثلا می‌توانید روی یک کاغذ بزرگ، اقدامک‌های خود را بنویسید و به سقف بالای تخت خوابتان بچسبانید. به این ترتیب هر شب خود به خود در آخرین دقایق، مطمئن می‌شوید که امروز نیز برنده بوده‌اید. یادتان باشد اگر در اوج خستگی و قبل از خواب نمی‌توانید اقدامک را انجام کنید، اقدامک به اندازه کافی کوچک و مسخره نیست.

گام هشتم: صبر

شما کدام‌یک را ترجیح می‌دهید؟ سه میلیارد تومان وجه نقد یا یک اسکناس ۱۰ تومانی؟!

البته این اسکناس ۱۰ تومانی، هر روز دو برابر می‌شود. اکثر افراد سه میلیارد تومان وجه نقد را انتخاب می‌کنند. حالا ببینیم اگر فقط ۳۰ روز صبر کنیم چه اتفاقی می‌افتد. در روز سی‌ام، در حالی که سه میلیارد تومان، هنوز سه میلیارد تومان است، اسکناس ۱۰ تومانی تبدیل به ۵,۳۶۸,۷۰۹,۱۲۰ تومان شده است! این در حالی است که تا روز قبل یعنی روز بیست‌ونهم، اسکناس ۱۰ تومانی ۲,۶۸۴,۳۵۴,۵۶۰ تومان بود. حالا اگر یک روز دیگر صبر کنیم در روز سی‌ویکم، اسکناس ناچیز شما به مبلغ ۱۰,۷۳۷,۴۱۸,۲۴۰ تومان رسیده است. بگذارید برای راحتی، اعداد را گرد کنیم. دوست صبور شما موفق شده دارایی خود را به ۱۱ میلیارد تومان برساند؛ در حالی که شما هنوز همان سه میلیارد تومان را دارید.

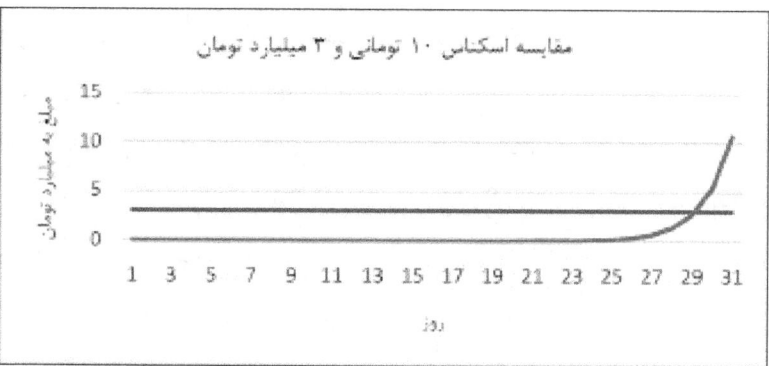

دارن هاردی به زیبایی این موضوع را در کتاب اثر مرکب بیان می‌کند. از شما خواهش می‌کنم به بررسی این مثال در واقعیت و مشکلات ناشی از افت روزافزون پول ملی ایران و ده‌ها موضوع حاشیه‌ای دیگر نپردازید. پیام محوری این مثال را دریابید. موضوع این است که آیا شما حاضرید سختی مداومت و استمرار را به جان بخرید تا بتوانید بیش از سه برابر نسبت به افراد راحت‌طلب پیشرفت کنید؟

البته دقت کنید که اطرافیان، معمولا از روز بیست‌ونهم به بعد به شما توجه می‌کنند و می‌گویند ما که متوجه نشدیم چطور در یک شب این مقدار پیشرفت کرد. شما نمی‌دانید چطور پاسخ ابهام یک‌شبه موفق‌شدنتان را به آنها بدهید. ای‌کاش می‌توانستید یک ویدئو از همه این لحظات تهیه می‌کردید و برایشان ارسال می‌کردید:

• همه روزهایی که آنها ساعت‌های متمادی جلوی تلویزیون دراز کشیده بودند و شما مشغول نوشتن کتابتان بودید؛

• همه سحرگاهانی که بقیه در خواب بودند و شما مشغول مطالعه و خودسازی بودید؛

• همه هزینه‌هایی که آنها صرف لباس و کفش می‌کردند، ولی شما در

شرایطی که آه در بساط نداشتید، با سختی و مشقت، هزینه آموزش و رشدتان را پرداخت می‌کردید... .

اکنون شما می‌دانید که نباید دنبال جهش و رشد سریع باشید، بلکه باید با کمک گرفتن از قدرت اقدامک‌ها، با صبر و حوصله به پیش رفته و اجازه دهید اثر مرکب جادو کند. شاید بپرسید همه می‌دانند که رمز موفقیت، استمرار و تسلیم‌نشدن است پس چرا کمتر کسی این مسیر را انتخاب می‌کند؟ همان‌طور که در نمودار زیر مشاهده می‌کنید، دستاوردهای بزرگ و چشمگیر به صرف وقت و انرژی و صبر نیاز دارند و در کوتاه‌مدت، تفاوتی بین دو فرد زیر احساس نمی‌شود.

• احد تا نیمه‌شب فیلم‌های مورد علاقه‌اش را تماشا می‌کند و طبیعتا صبح‌ها کمی دیرتر بیدار می‌شود. روزهای زیادی بدون اینکه صبحانه بخورد با عجله به محل کار می‌رود. با علاقه‌ای که به فست‌فود دارد، تقریبا هر روز پیتزا یا ساندویچ‌های مورد علاقه‌اش را سفارش می‌دهد و چون علاقه‌ای به ورزش ندارد، مدتی است اضافه‌وزن هم پیدا کرده است. از طرفی فرصت کافی برای گذران وقت با همسر و فرزندش ندارد.

• مهرداد تصمیم گرفته هر شب، ساعت ۱۱ بخوابد تا بتواند صبح‌ها ساعت ٤:٥٩ از خواب بیدار شود و اندکی برای رشد خود وقت بگذارد. مهرداد پس از بیداری، کارهای زیادی انجام می‌دهد و کم‌کم می‌تواند بسیاری از آرزوهای دیرینه خود را محقق کند. او حالا وب‌سایت شخصی خود را درباره سفرهای کم‌هزینه، راه‌اندازی کرده و روز به روز به مشتریانش اضافه می‌شود. در طول روز نیز خوش‌خلق‌تر شده و ارتباط بهتری با همکاران و مدیرانش برقرار کرده است. هر روز بعدازظهر با همسر و فرزندش به پیاده‌روی می‌رود تا علاوه بر ورزش، کیفیت ارتباطش نیز بهتر شود.

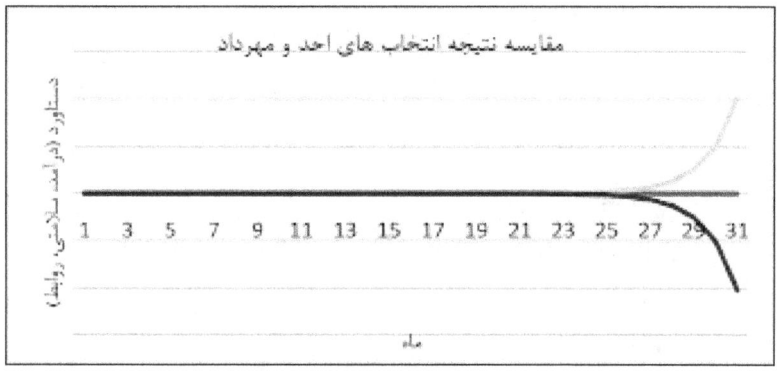

واقعیت این است که برای اینکه از دید خود اشخاص و اطرافیان، تفاوت ملموسی در زندگی ایجاد شود باید ماه‌ها بگذرد و این همان تله‌ای است که بسیاری افراد در آن گرفتار می‌شوند؛ مثلا اگر شخصی به آنها بگوید ورزش کن، می‌گویند مگر چه فرقی بین من با تو وجود دارد، در حالی که تو هر روز به خودت زحمت ورزش‌کردن را می‌دهی و من همواره لذت سکون و بی‌تحرکی را می‌برم. لطفا شما صبور باشید و به انجام اقدامک ادامه دهید، یک سال ادامه دهید و آن وقت است که نگاهی به گذشته بسیار لذت‌بخش خواهد بود.

◀ گام نهم: پذیرش

یادتان باشد شما روبات نیستید؛ بنابراین حتما مواردی پیش می‌آید که تعهدات خود را زیر پا می‌گذارید و همه کارهایی که تا آن لحظه انجام می‌دادید به نظرتان پوچ و بی‌ارزش می‌رسد. این موضوع اصلا اتفاق عجیبی نیست و صرفا نشان‌دهنده این است که شما یک انسان طبیعی هستید، با همه نقاط قوت و محدودیت‌های خاص خودتان.

نکته بعدی این است که ساخت مسیر عصبی جدید، نیازمند حوصله و زمان کافی است. واقعیت این است که وقتی می‌خواهید مهارت جدیدی

یاد بگیرید یا پای خود را از ناحیه امن بیرون بگذارید، اوایل کار خیلی خوش نخواهد گذشت؛ مثلا من زمانی که تصمیم گرفتم سحرخیز باشم، یک روز می‌توانستم و دو روز نمی‌توانستم. دوباره درست زمانی که به نظر می‌رسید همه چیز روی روال است، سه روز متوالی شکست می‌خوردم؛ اما من ایمان داشتم که اگر به اندازه ادامه دهم، می‌توانم دره‌ی مرگ را پشت سر بگذارم و نتیجه سخت‌کوشی و عدم تسلیم را ببینم؛ بنابراین، پستی و بلندی‌های مسیر را بپذیرید و فقط ادامه دهید.

● گام دهم: از اقدامک تا عادت

اگر به عمل به اقدامک ادامه دهید، پس از حدود سه هفته متوجه می‌شوید که شاید این اولین بار در زندگی است که حدود ۲۰ روز نسبت به یک تعهد، پایبند مانده‌اید؛ و پس از حدود شش هفته ممکن است چرخه موفقیت شروع به تأثیر کرده باشد. حالا انگیزه بیشتری برای ادامه مسیر خواهید داشت.

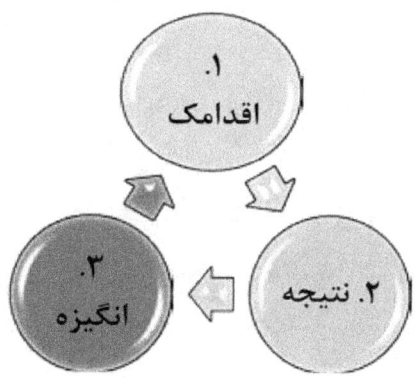

پس از گذشت چند ماه، نشانه‌های ساخت یک عادت نمایان می‌شود. در این مرحله مغرور نشوید و ادامه دهید. اگر اندکی فشار پای خود را روی پدال گاز کاهش دهید، ممکن است به قیمت به‌بادرفتن همه زحمات چند ماه گذشته تمام شود؛ پس ادامه دهید و به حرف‌های غیرعلمی مانند اینکه ساخت عادت ۲۱ روز طول می‌کشد، کاری نداشته باشید.

◀ گام یازدهم: اقدامک جدید

وقتی تا حد خوبی به اهداف خود دست یافتید یا از اینکه اقدامک قبلی وارد مرحله اتوماتیک شده است، اطمینان یافتید، می‌توانید اقدامک جدیدی را شروع کرده و لذت پیروزی در عرصه دیگری از زندگی را نصیب خود کنید. یادتان باشد در هر لحظه بیش از سه اقدامک نداشته باشید تا بتوانید با تمرکز و انرژی در آن جهت حرکت کنید.

● سخن آخر

از قدیم گفته‌اند عالم بی‌عمل به چه ماند، به زنبور بی‌عسل! برای اینکه این ضرب‌المثل زیبا درباره من صادق نباشد، این کتاب را طی سه ماه و با تکیه بر تکنیک‌هایی که به شما آموزش دادم، آماده چاپ کردم. اگر من می‌خواستم همین کار را قبل از ورود اقدامک به زندگی‌ام انجام دهم، به یک پروژه چندساله و بی‌پایان تبدیل می‌شد؛ اما حالا شما با یک خروجی ملموس این روش مواجه هستید و در حال لمس و ورق‌زدن آن هستید. چطور است همین کار را برای خودتان تکرار کنید. شاید همواره دوست داشته‌اید کار خاصی انجام دهید، اما بهانه‌های واقعی و ساختگی مانع دستیابی شما به هدفتان شده است.

اکنون هر آنچه برای پرواز نیاز دارید، برای شما فراهم است. از شما خواهش می‌کنم مدتی را به پیاده‌سازی مطالبی که فرا گرفتید اختصاص دهید و سراغ کتاب یا دوره آموزشی جدید نروید. باور کنید آنچه برای موفقیت شما لازم است، دانش و آگاهی جدید نیست بلکه اقدام و عمل است.

کارهایی که انجام دادنشان ساده است، انجام ندادنشان هم ساده است! جیم ران

یکی از سخت‌ترین کارهای من این است که دیگران بپذیرند که چقدر بزرگ هستند، اما آنها با سماجت خاصی سعی می‌کنند محدودیت‌هایشان را در توجیه بی‌عملی خود برایم تشریح کنند. من با قدرت تأکید می‌کنم که شرایط نامساعد، صرفا می‌تواند مسیر شما را سخت‌تر یا آسان‌تر کند؛ اما نمی‌تواند سد راه شما شود. برای اینکه این موضوع یادمان باشد روی یکی از دیوارهای شرکت این جمله زیبا را نوشته‌ایم:

اگر مسیر اقدامک را در پیش بگیرید، هر روز با حس برنده‌ها به خواب می‌روید و فردا صبح نیز با حس مثبت برمی‌خیزید. زندگی شما شبیه رؤیا می‌شود، هر آرزویی که داشته باشید آن را لمس می‌کنید. تصور کنید چقدر با سایر افراد متفاوت می‌شوید، آنها که این حقیقت تلخ را پذیرفته‌اند که باید بسیاری از رؤیاهایشان را دفن کنند و حتی به آنها فکر هم نکنند. انتخاب با شماست که آیا دوست دارید این کتاب را جدی بگیرید و زندگی جدیدی را امتحان کنید یا مصمم هستید مسیر گذشته را ادامه دهید.

● منابع پیشنهادی برای مطالعه بیشتر

- ریزعادت‌ها، استفان گایز، نشر تعالی، ۱۳۹۸
- عادت‌های اتمی، جیمز کلیر، نشر نوین، ۱۳۹۸
- اثر مرکب، دارن هاردی، انتشارات سما، ۱۳۹۸
- بهترین سال زندگی تو، دارن هاردی، ثروتمندان خودساخته، ۱۳۹۶
- قدرت عادت، چارلز دوهیگ، هورمزد، ۱۳۹۲
- صبح جادویی، هال الرود، بهار سبز، ۱۳۹۷
- صبح جادویی مولتی میلیونرها، هال الرود، نسل نواندیش، ۱۳۹۷
- باشگاه پنج صبحی‌ها، رابین شارما، نشر نون، ۱۳۹۸
- قانون پنج ثانیه، مل رابینز، شمشاد، ۱۳۹۷
- ایکیگای، هکتور گارسیا، ثالث، ۱۳۹۸
- بهترین سال زندگی شما، دبی فورد، نسل نواندیش، ۱۳۹۷
- One small step can change your life; The Kaizen Way, Robert Maurer, Workman Publishing, 2004

چند کتاب پیشنهاد سردبیر انتشارات برای شما

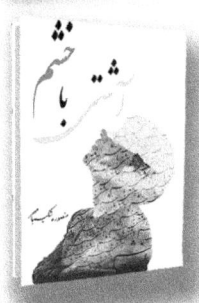

برای تهیه کتاب ها از آمازون یا وبسایت انتشارات می توانید بارکدهای زیر را اسکن کنید

Amazon.com kphclub.com

Kidsocado Publishing House
خانه انتشارات کیدزوکادو
ونکوور، کانادا

تلفن : ۸۶۵۴ ۶۳۳ (۸۳۳) ۱+
واتس آپ: ۷۲۴۸ ۳۳۳ (۲۳۶) ۱+
ایمیل: info@kidsocado.com
وبسایت انتشارات: https://kidsocadopublishinghouse.com
وبسایت فروشگاه: https://kphclub.com